T0209390

Ökonomie 4.0

Vinzenz von Holle

Ökonomie 4.0

Warum wir eine neue
ökonomische Theorie brauchen

Vinzenz von Holle
Coburg, Deutschland

ISBN 978-3-658-19109-2   ISBN 978-3-658-19110-8   (eBook)
https://doi.org/10.1007/978-3-658-19110-8

Die Deutsche Nationalbibliothek verzeichnet diese Publikation in der Deutschen Nationalbibliografie; detaillierte bibliografische Daten sind im Internet über http://dnb.d-nb.de abrufbar.

Springer Gabler

Gedruckt auf säurefreiem und chlorfrei gebleichtem Papier

Springer Gabler ist Teil von Springer Nature
Die eingetragene Gesellschaft ist Springer Fachmedien Wiesbaden GmbH
Die Anschrift der Gesellschaft ist: Abraham-Lincoln-Str. 46, 65189 Wiesbaden, Germany

Meiner wunderbaren Familie für ihre
Unterstützung und meiner Tochter Gracia-Victoria

Vorwort

Im Laufe meiner akademischen Ausbildung und später im Laufe meiner wissenschaftlichen Tätigkeit sowie im Beruf, habe ich mir immer wieder die Frage gestellt, wieso eigentlich die Welt, die Forschung, die Arbeit bzw. der Beruf und das Leben allgemein immer komplizierter wird – obwohl es immer mehr und immer bessere Technologie gibt, die die Menschen eigentlich unterstützen soll. Es fiel mir auf, dass immer mehr Menschen sich mehr und mehr von ihrer Arbeit und ihrem Beruf entfremdeten und dass die Belastung und der Stress in der Gesellschaft – egal ob in den Firmen bei der Arbeit und in den Jobs, oder auch im privaten Bereich zunahm. Es konnte mir nicht einleuchten, warum wir Arbeitslosigkeit auch bei Vollbeschäftigung haben und warum die „Invisible Hand" der freien Marktwirtschaft nicht die erwartete Klärung der Märkte bringt. Obwohl wir immer reicher werden, steigt parallel dazu die Rate an Burnout erkrankten Menschen, die Selbstmordrate in der Gesellschaft steigt mit ihrem Wohlstand, genauso wie auch die Quote der psychischen Erkrankungen. Wohl in keiner Zeitperiode vor uns, hat es so viele Krisen, Zusammenbrüche, und sowohl politische als auch gesellschaftliche Veränderungen gegeben. Seit langem machte sich bei mir ein Unverständnis breit, bezüglich der stattgefundenen Krisen und ihrer angeblichen Bewältigung, bezüglich der Arbeit und Aufgaben der Politik wie auch der verschiedensten Interessengruppen in der Gesellschaft und warum konservative und ehemals solide und gesunde Bankhäuser sich innerhalb kürzester Zeit zu regelrechten Zockerbuden entwickeln konnten und pleitegingen.

Immer wieder musste ich mich fragen, warum die reale Welt, die ich vorfand, mit den auf den Universitäten gelehrten Theorien so wenig gemeinsam hatte. Dabei hatte ich das große Glück, eine sehr gute Ausbildung genießen zu dürfen und hatte schon sehr früh die Möglichkeit, mit den weltbesten Wissenschaftlern in Harvard, Georgetown, auf der Universität Wien oder Prag arbeiten zu können und von ihnen zu lernen. Ich hörte nicht auf, mich immer wieder zu fragen, warum vieles in der Wirtschaft, Wissenschaft, im Beruf bei den verschiedensten Firmen, die ich als Berater kennenlernte, so unlogisch, umständlich und sehr oft sogar so widersprüchlich und ineffizient ist.

Dieses Buch handelt und beschäftigt sich genau mit dieser Diskrepanz, mit ihren Ursachen und den Folgen. Die Diskrepanz zwischen dem, was die Theorie als Annahme seit Jahrhunderten als Gesetz postuliert und auf deren Basis die theoretischen Gesetze gebildet und aufgestellt sind; und auf der anderen Seite der durch empirische Beobachtungen festgestellten Realität, die sich teilweise signifikant von diesen künstlichen Annahmen unterscheidet. Es analysiert, zeigt und beschreibt die Folgen, die aus diesem Unterschied zwischen den Annahmen und der Wirklichkeit resultieren.

Das Buch versucht diese Unterschiede konkret aufzuzeigen und anschaulich zu erklären. Anhand von vielen Beispielen wird gezeigt und beschrieben, wie sich diese Diskrepanz zwischen der Theorie und der Wirklichkeit offenbart und was die Folgen aus ihrer Existenz für die Ökonomie und für die Menschen sind. Es soll dazu beitragen, durch die vorgestellten empirischen Erkenntnisse eine bessere und validiere Basis zu bilden, die geeignet ist, um ökonomische Zusammenhänge und Erklärungen von realen Phänomenen zu ermöglichen und besser zu prognostizieren. Durch eine modifizierte Theorie werden auch Verbesserungen der Ergebnisse in der realen Ökonomie folgen' und diese können letztendlich dazu führen, die Welt in der wir leben ein wenig zu verbessern.

Die Wirtschaftswissenschaft ist eine sehr junge wissenschaftliche Disziplin. Verglichen mit Mathematik, Physik oder Medizin steht sie gerade mal am Anfang ihrer Entwicklung. Dementsprechend sollte man auch den Stand ihres jetzigen Wissens betrachten. Dies ist nicht überheblich gemeint, sondern sollte eher Anlass zum objektiven und selbstkritischen Nachdenken geben: Wenn man davon ausgeht, dass die wirtschaftswissenschaftliche Forschungstätigkeit als eigenständiges Forschungsfach gerade mal vor einigen hundert Jahren begann und im Gegensatz dazu Medizin, Physik oder Mathematik vor einigen tausend Jahren, so befinden sich die Wirtschaftswissenschaften in diesem Vergleich gerade einmal auf der gleichen Stufe, auf der die Medizin einige Jahrhunderte vor Christi Geburt war! Dies sollte man bescheiden zur Kenntnis nehmen, anstatt so zu tun, als würde man heute fast alles wissen, kennen, verstehen und erklären können.

Dieses Buch soll aber auch einen Beitrag dazu leisten, dass die aktuelle Denkweise, wie Dinge betrachtet, interpretiert, angegangen, analysiert und gelöst werden, hinterfragt und gegebenenfalls geändert wird. Eine neue Sicht auf den Menschen und speziell auf die Ökonomie soll mit den hier vorgestellten Konzepten ermöglicht werden. Scheinbar zementierte und nie infrage gestellte Ansichten und alte und unverrückbare Glaubenssätze sollen hinterfragt und eine Sensibilisierung für die Wirklichkeit, die echten Zusammenhänge und die wahre Natur der Dinge soll durch die hier vorgestellten Beispiele und Gedanken anschaulich, nachvollziehbar und verständlich erreicht werden.

Es soll auch eine echte Alternative zur existierenden ökonomischen Literatur anbieten und nicht nur ein weiteres Buch von anderen einhunderttausend über das Thema und die gleichen, stets angenommenen Gesetze in der Ökonomie, sein. Verständlich für alle interessierten und nicht nur für ausgebildete Ökonomen. Hier ist der Anspruch, etwas ganz Neues zu schaffen, neue Fragen zu stellen und neue Sicht zu eröffnen auf eine Disziplin, die gerade am Anfang ihres Entwicklungspotenzials steht und sehr spannend ist, weil sie auf dem menschlichen Verhalten aufbaut. Die Basis bilden hier nicht vereinfachte und realitätsfremde Annahmen und Modelle, sondern echte, spannende empirische Beobachtungen der realen Welt die hier beispielhaft erläutert werden. Sie sind die neue Basis der Sichtweise und sollen eine realitätsnahe und valide Theorie bilden. Somit stellt es nicht nur eine Evolution, sondern auch eine gewisse Revolution in der ökonomischen Theorie dar, und verändert die über Jahrhunderte starren und nicht infrage gestellten theoretischen Fundamente.

Inhaltsverzeichnis

1

Einleitung

Macht man ein Experiment mit Menschenaffen, indem
man ihnen verschiedene Arten von Nahrung zum Aus-
wählen anbietet, entscheiden sich die Tiere immer für die
fetthaltigste oder zuckerhaltigste Nahrung. Sie entscheiden
sich also unbewusst immer für die an Energie (=Kalorien)
reichhaltigste Nahrung. Nun wird man vielleicht die Frage
stellen, was dies mit Ökonomie zu tun hat, doch es ist viel
mehr, als man auf den ersten Blick zu glauben vermag:

In der Ökonomie handelt es sich im Allgemeinen um
Entscheidungen von Individuen und somit um das Bilden
von Präferenzen. Es geht auch darum zu verstehen, wie
die Entscheidungsprozesse zustande kommen, die dann in
den Präferenzen resultieren und was die dahinterliegenden
beziehungsweise die zugrunde liegenden Mechanismen
sind.

© Springer Fachmedien Wiesbaden GmbH 2018
V. von Holle, *Ökonomie 4.0,*
https://doi.org/10.1007/978-3-658-19110-8_1

Es spricht sehr vieles dafür, dass die meisten entscheidungsrelevanten Grundmechanismen allen Lebewesen angeboren sind. Sie sind von Natur aus da, um das Überleben der Spezies zu sichern. Es ist ein angeborener Trieb nach dem Stillen der Bedürfnisse eines jeden Lebewesens. Es kann auch als ein Trieb bezeichnet werden, um die aktuelle subjektive Situation des Lebewesens zu verbessern. Dieser Trieb ist ursächlich für alles Leben und Überleben. Denn auch die meisten Bedürfnisse scheinen von der Natur her vorgegeben zu sein.

In unserem Beispiel mit dem Futterexperiment entscheiden sich die Tiere für das fettigste oder süßeste Futter deswegen, weil es ihnen ganz einfach am besten schmeckt und diesen Trieb am besten (=mit dem höchstmöglichen Genuss) befriedigt. Somit befriedigt genau dieses zuckerhaltige Futter bzw. Nahrung am besten das angeborene Bedürfnis, den Hunger zu stillen/Nahrung aufzunehmen. Durch diesen Trieb wird aber auch gleichzeitig die aktuelle subjektive Situation bzw. das Wohlbefinden verbessert – nämlich durch die Beseitigung des Hungergefühls. Zucker und Fetthaltiges schmeckt ihnen deshalb am besten, weil die Natur genau diesen Mechanismus gebildet hat, damit die energiereichste Nahrung – also Fett und Zucker – am besten schmeckt/die höchste Belohnung bietet. Also bei ihnen die zum Überleben beste und energiereichste Nahrung die größtmögliche Genugtuung beim Verzehr (=Aufnahme von Energie) bereitet. Dadurch bereitet der Verzehr dieser energiereichsten Nahrung dem Tier oder dem Lebewesen den größten Genuss (Verzehr) und die höchste Befriedigung (Beseitigung des Hungergefühls). Allein deswegen wird dann von ihnen diese Art der Nahrung vorzugsweise gewählt und nicht eine andere. Und das ist die vorteilhafteste Entscheidung/Setzung von Präferenzen: subjektiv für besseres Wohlbefinden und objektiv für die bestmögliche langfristige Überlebensstrategie. Dies ist eine logische, effektive und sehr funktionale Systematik zur Bildung und Steuerung von Präferenzen und in dessen Folge zur Setzung von Entscheidungen und Durchführung entsprechender Handlungen.

Der Mensch ist von der Natur aus genau so programmiert. Er ist jedoch etwas komplexer in seiner Präferenzbildung, weil er seine Intelligenz einsetzt, und diese manchmal die Programmierung der Natur überstimmt. Er mag zwar auch Fettiges und Süßes, nimmt aber oft stattdessen „Salat", weil ihm bewusst ist, dass er heutzutage für sein Überleben keine Kalorienbomben braucht und er deshalb entgegen seines geschmacklichen Triebs (=Programmierung aus der Vorzeit) eine für ihn gesündere Nahrung wählt und er dadurch Gaumenfreunde zugunsten von Gesundheit „eintauscht". Auch dieses Beispiel könnte man erstaunlicherweise als eine Präferenzsetzung zugunsten der Gesundheit und/oder eines langen Lebens verstehen und somit durchaus mit der durch die Natur vorgegebenen Programmierung zum langfristigen Überleben der Spezies werten.

Gleich ist jedoch beim Mensch und beim Tier der Belohnungsmechanismus für das Erfüllen seiner Wünsche und Bedürfnisse: Es ist ein angestrebtes Gefühl zur Verbesserung des Wohlempfindens.

In der ökonomischen Theorie jedoch, gehen wir bei der Bildung von Präferenzen von einer anderen, ganz unterschiedlichen und sehr künstlichen Annahme aus: Wir

gehen davon aus, dass der Mensch einem komplett anderen Mechanismus für seine Entscheidungen und Präferenzen unterliegt – nämlich dem Mechanismus, permanent
absolute wirtschaftliche Vernunft zu üben. Es wird also
angenommen, dass sich der Mensch nicht nach seinen
angeborenen natürlichen Präferenzen (gesteuert durch die
Sinne und Gefühle) orientiert, richtet und verhält, sondern rein nach dem ökonomischen Nutzen der jeweiligen
Entscheidung. Wir gehen in der Ökonomie somit eindeutig von einem nicht der Wirklichkeit entsprechenden und
somit falschen Mechanismus aus. In der Folge kann daher
auch die Präferenzsetzung der Wirtschaftssubjekte in der
so gebildeten Theorie nicht stimmen und somit auch nicht
die in dieser Theorie angenommene Handlungsweise oder
das Verhalten des Menschen. Dieses ist aber für die Ökonomie ursächlich.

Damit entstehen zwangsläufig teilweise sehr große
Unterschiede bei der Analyse und Interpretation des
menschlichen Verhaltens, in der Theorie einerseits und
bei seinen in der Realität vorgenommenen Handlungen
andererseits. Viele Verhaltensweisen und Entscheidungsprozesse sind durch das Verhaltensmodell – oder besser
gesagt das Annahmemodell der klassischen ökonomischen
Theorie – nicht abgebildet und nicht erklärt. Ein Verzicht
zugunsten von anderen Menschen, oder eine Spende oder
Gabe ist beispielsweise ein Verhalten, welches durch die
Theorie nicht erklärt werden kann. In der ökonomischen
Theorie handelt jedes Individuum streng rational ökonomisch, nur zu seinen eigenen Gunsten und immer nur
eigennützig. In der Wirklichkeit empfinden hingegen sehr
viele Menschen eine tiefe Genugtuung, wenn sie anderen

Menschen ohne eine Gegenleistung helfen können und tun dies deshalb oft auch sehr ausgiebig.

Somit wird hier sehr schnell deutlich, dass es eine Diskrepanz gibt, zwischen den tatsächlichen Beweggründen und der Handlungsweise der Menschen in der Realität und den angenommenen Beweggründen und der Handlungsweise in der ökonomischen Theorie. Die Theorie kann daher nicht die Wirklichkeit in ihrer Struktur und ihren Ursachen korrekt abbilden und deswegen oft nur sehr unzureichend oder ungenau erklären. Diese Diskrepanz ist folglich auch die Ursache dafür, dass wir immer wieder erleben müssen, wie in der Wirtschaft Prognosen und Kalkulationen versagen, Fehlinvestitionen stattfinden, sich Fehlplanungen wiederholen, regelmäßig „unerwartet" große Krisen entstehen, Zusammenbrüche stattfinden und Instrumente beziehungsweise Regulierungen zur Steuerung versagen. In den folgenden Kapiteln beschäftigen wir uns deshalb mit dem Thema, warum es diese Unterschiede zwischen der Theorie und der Wirklichkeit gibt, was die Konsequenzen sind und was besser gemacht werden kann, um die ökonomische Realität sowie das Verhalten des Menschen in der Ökonomie besser zu verstehen und vorherzusagen.

2

Was ist Konvergenz in der Ökonomie?

Als Konvergenz wird hier die Schnittmenge aus der Erkenntnistheorie, also dem, was in der realen Welt objektiv zu beobachten ist und den theoretischen Wissenschaften verstanden. Denn es kristallisiert sich immer mehr heraus, dass die Erkenntnisse aus der Beobachtung des tatsächlichen Geschehens in der Realität, mit den Ergebnissen aus der ökonomischen Wissenschaft und deren aufgestellten Theorien teilweise nicht übereinstimmen. Diese Differenzen lassen sich an zahllosen und überall beobachtbaren Beispielen in der Welt gut veranschaulichen.

In der Vergangenheit – etwa bis kurz vor der Jahrtausendwende – war die Ökonomie eine rein theoretische Disziplin. Empirische Forschung fand de facto nicht statt und war in der Ökonomie so gut wie unbekannt. Es war auch keine experimentelle Wissenschaft, bei der Feldexperimente direkt die Theorie bestätigen oder widerlegen

© Springer Fachmedien Wiesbaden GmbH 2018
V. von Holle, *Ökonomie 4.0*,
https://doi.org/10.1007/978-3-658-19110-8_2

konnten. Die Wissenschaft beschäftigte sich ausschließlich mit theoretischen Annahmen, auf deren Grundlage man dann die entsprechenden Schlussfolgerungen zog. Die so gewonnene Theorie musste, wie in der Mathematik strengen logischen Gesetzmäßigkeiten folgend, aus den gemachten Annahmen abgeleitet sein. So kann man über einen sehr langen Zeitraum die ökonomische Forschung lediglich als den Weg beschreiben, der von den gemachten Annahmen zu den Schlussfolgerungen führt und so die Theorie bildet. Die Grundannahmen hierbei sind, dass

- der Mensch immer nur zweckrational handelt.
- der Mensch immer nutzenmaximierend handelt.
- der Mensch im Vollbesitz aller Informationen am Markt ist.
- der Mensch sein Verhalten sofort ändert, wenn sich das Regelsystem um ihn herum verändert (also sich die Umstände für ihn verändern).

Erst ab der Zeit kurz vor der Jahrtausendwende fing man in der Ökonomie langsam an, auch beobachtend und sogar experimentell zu forschen. Bis zu diesem Zeitpunkt war eine empirische Auseinandersetzung mit der Realität in der Ökonomie de facto nicht gegeben.

Ob dieser Wandel der Tatsache geschuldet war, dass immer offensichtlicher wurde, dass es in der Realität immer wieder zu Krisen und Marktversagen kommt, welche durch keine Theorie erklärt werden können und dass die zur Verfügung gestellten Instrumente nicht die erwartete Wirkung zeigen, lässt sich mit letzter Sicherheit nicht mehr belegen. Vieles spricht aber dafür. Tatsache jedoch ist, dass eine Diskrepanz existiert, zwischen der Realität und der Theorie in der Ökonomie, die nicht unerhebliche Folgen für die Menschen, Märkte und Politik nach sich zieht und dass diese Diskrepanz analysiert und beschrieben und erklärt werden kann.

So ist beispielsweise die Arbeitslosigkeit in einer Gesellschaft ein Phänomen, für welches die gängige ökonomische Theorie kaum schlüssige Erklärungen und Konzepte anbietet. Denn nach der klassischen Theorie wird der Arbeitsmarkt aufgrund von Preisanpassungen – also bei entstehender Arbeitslosigkeit durch eine Lohnsenkung – geräumt und das Aufkommen der Arbeitslosigkeit wird dadurch verhindert.

Die Realität lehrt uns dagegen schmerzhaft, dass Arbeitslosigkeit in der heutigen Gesellschaft ein immer größer werdendes Problem wird und in der Zukunft durch die Einführung immer neuerer Technologien möglicherweise sogar noch zunimmt. Dies hat man schon bei der industriellen Revolution gesehen, später beim Einzug der IT und es zeichnet sich heute bei der Digitalen Revolution wieder ab. Der Grund für das Versagen des theoretischen Modells ist die Tatsache, dass auf dem Arbeitsmarkt auch bei einer vorhandenen Arbeitslosigkeit keine notwendigen Preisanpassungen (also Lohnsenkungen) stattfinden. Dafür gibt es zwei Hauptgründe:

Einerseits gibt es Arbeitnehmervertretungen und Gewerkschaften, die stark genug sind, um ein Absenken der Löhne zu verhindern (also eine sozio-politische Komponente), und andererseits gibt es auch seitens der Betriebe und Unternehmer kein wirkliches Interesse an einer Lohnsenkung. Seitens der Firmen nicht aus sozialen oder altruistischen Gründen, sondern rein aus wirtschaftlichem Eigennutz: Es ist bekannt, dass eine Einkommenssenkung immer mit einer Produktivitätsverschlechterung der Belegschaft verbunden ist. Da diese Produktivitätsverschlechterung für die Firmen teurer ist als die Kosteneinsparung bei einer Lohnsenkung, liegt es daher im ökonomischen Interesse der Firma, auf die Beibehaltung der Lohnhöhe zu achten.

Damit soll gezeigt werden, dass Löhne in der Realität nie sinken werden, was dazu führt, dass der in der Theorie angenommene Mechanismus der „unsichtbaren Hand" ausgehebelt wird. Und das hat wiederum zur Folge, dass es eine bestimmte Rate an Arbeitslosigkeit in den Märkten immer geben wird. Dieses Beispiel zeigt aber auch anschaulich, dass für die Erklärung und Analyse des Problems nicht die Wirtschaftswissenschaft allein ausreicht und dass es wichtige zu berücksichtigende Schnittstellen auch zu anderen sozialwissenschaftlichen, eventuell rechtswissenschaftlichen, sowie zu politikwissenschaftlichen Disziplinen gibt.

In der Theorie entstehen Märkte von Waren und Dienstleistungen aufgrund von existierenden Bedürfnissen und Bedarfen. Diese werden dann mit den auf den Märkten zur Verfügung gestellten Waren und Dienstleistungen gedeckt und befriedigt. In der Realität sehen wir hingegen jeden Tag und überall, wie sich die Märkte durch z. B. aggressives Marketing und psychologische Beeinflussung der Kunden durch die Werbung ihren eigenen Bedarf bei den Konsumenten und auf den Märkten selbst schaffen.

Auf diesen Märkten sehen wir auch relativ starre und stabile Preise, obwohl uns die Wirtschaftstheorie lehrt, dass Preise höchst veränderlich und sehr flexibel sind und auf jede kleine Veränderung im Markt reagieren, um diesen komplett zu räumen.

Die Folgen solcher Diskrepanzen zwischen der ökonomischen Theorie und der Realität sind teilweise so schwerwiegend, dass sie im Extremfall bis zum Versagen riesiger Märkte oder, wie wir 2008 gesehen haben, sogar zum Kollaps der Weltwirtschaft führen können.

3

Warum versagen die ökonomischen Theorien in der Wirklichkeit immer wieder?

Neueste Untersuchungen des menschlichen Verhaltens zeigen eindeutig, dass der Mensch viel mehr ein emotionales Wesen ist als ein rationales. Er trifft seine Entscheidungen und Präferenzen mehr „mit dem Bauch" als „mit dem Kopf". Sowohl Labor- als auch Feldstudien belegen eindeutig, dass der größte Teil aller menschlichen Entscheidungen auf der emotionalen und nicht, wie beim Homo Oeconomicus angenommen, auf der rationalen Ebene ablaufen. Somit unterscheiden sich auch die Entscheidungen (in der Ökonomie spricht man vom Setzen von Präferenzen) in der Realität signifikant von denen in der Theorie oder im Modell/in der Annahme (rationales Handeln vs. emotionales Handeln).

Besonders deutlich und anschaulich werden diese Differenzen bei Entscheidungsfindung bei starker emotionaler Erregung, bei Angst, bei Unsicherheit, Ungewissheit, Gier,

© Springer Fachmedien Wiesbaden GmbH 2018
V. von Holle, *Ökonomie 4.0*,
https://doi.org/10.1007/978-3-658-19110-8_3

Ärger, Wut, Missgunst, Neid, Mitleid, Liebe, Verlust...
usw. In der Realität haben aber genau diese Zustände den
größten Einfluss auf unsere Entscheidungen (also auf das
Setzen unserer Präferenzen in der jeweiligen Situation).
Auch die Erinnerung an einen bestimmten Zustand aus
der Vergangenheit hat signifikante Auswirkungen auf die
Entscheidungen in der Gegenwart. In der Wirtschaftstheorie werden diese Zustände und Zusammenhänge jedoch
komplett außer Acht gelassen. Folglich beschreibt die
Theorie ein Modell, welches zu der Realität, die eigentlich
abgebildet werden müsste, nur sehr unzureichend passt
und dadurch dementsprechend ungenügende und unge-
naue Ergebnisse liefert.

3.1 Die Folgen der unrealistischen Annahmen in den ökonomischen Modellen

Das angenommene Verhalten des Homo Oeconomicus,
der rational gewinnmaximierend handelt, ist, dass er seine
gesamten Ersparnisse aus Gründen der Vernunft (Sicherheit) und Wirtschaftlichkeit (Maximierung des Gewinns)
anlegt und so Zinseinkünfte generiert.

Das Verhalten der Menschen in der Realität jedoch entspricht sehr oft nicht dieser Annahme. Häufig kommt es
in der Wirtschaft und in der Gesellschaft vor, dass Menschen sogar alle Guthaben aus den Banken abziehen
und diese zu Hause horten und bewusst und absichtlich
auf die möglichen Zinseinkünfte verzichten. Sie tun dies

z. B. während einer Wirtschaftskrise (wie es beispielsweise während der Finanzkrise in Griechenland der Fall war), weil sie befürchteten, ihre Vermögen bei den Banken zu verlieren, wenn sie diese dort belassen würden. Obwohl jeder wusste, dass genau dieses Verhalten dazu führt, dass die Bankhäuser der Bankkunden in eine Liquiditätskrise geraten und genau deshalb Kundenguthaben aufgrund eines Bankenzusammenbruchs verloren gehen, tun sie dies trotzdem.

In einem auf das menschliche Verhalten – und nicht auf das Verhalten des Homo Oeconomicus – basierendem Finanzsystem, wären die Finanzinstitute auf solche Ereignisse generell besser vorbereitet und ihr Zusammenbruch könnte viel wahrscheinlicher verhindert werden.

Doch nicht nur im Zusammenhang mit Geld und Finanzen gibt es eine Diskrepanz zwischen den ökonomischen Annahmen und der Realität beim menschlichen Verhalten. Auch im Zusammenhang mit dem Konsum gibt es zwischen der Realität und der Theorie anscheinend fast unüberwindbare Widersprüche.

So lehrt uns beispielsweise die ökonomische Theorie das Gesetz des abnehmbaren Grenznutzens. Es besagt, dass jedes Gut durch Konsum um eine weitere Einheit, für den konsumierenden weniger Nutzen bringt oder weniger Wert wird. Dies geht so lange, bis der Nutzen einer weiteren Einheit des Guts für den Konsumenten Null ist. Dann hört er auf, dieses Gut zu konsumieren. Einfach veranschaulicht ist dieses Beispiel durch die Vorstellung eines Menschen, der z. B. bei Durst Wasser trinkt. Er trinkt so viel Wasser, so lange das Wasser seinen Durst stillt und es ihm daher schmeckt. Irgendwann kommt aber der Moment, wo er genug Wasser getrunken hat und kein weiteres Bedürfnis nach zusätzlichem Wasser besteht. Das ist der Punkt, an dem jeder weitere Schluck Wasser ökonomisch gesehen null (Zusatz-) Nutzen bringt. Würde man den Konsum des Guts weiter über diesen Punkt hinaus fortsetzen, dann fängt der Nutzen an, in den negativen Bereich zu rutschen. Das ist nichts anderes, als dass der weitere Konsum nicht mehr angenehm wird, sondern unangenehm und eventuell Nachteile bringt. Aus einem „Nutzen" (=etwas Positives) wird ein „Schaden" (=etwas Negatives). Dem Konsumenten wird es schlecht oder übel. Der Grenznutzen wird hier daher negativ.

Ein solches Verhalten, bei dem bis in den negativen Bereich des Grenznutzens konsumiert wird, ist dem Homo Oeconomicus fremd. Denn er ist rational und konsumiert lediglich bis zum Grenznutzen gleich null.

In der Realität jedoch muss man nicht lange suchen, um genügend Beispiele zu finden, bei welchen der Konsum der Verbraucher teilweise weit in den negativen Bereich geht. Sei es aus Statusgründen, wo ein hoher Konsum von bestimmten Gütern über die Sättigungsgrenze hinaus geht oder sei es bei Kindern, die Eis so lange essen bis es ihnen schlecht wird oder sei es bei Jugendlichen, die bei Partys Alkohol so lange konsumieren bis sie mit einer Alkoholvergiftung im Krankenhaus landen. Das sind alles durchaus häufige und bekannte Verhaltensweisen, die mit der rationalen ökonomischen Theorie nicht erklärt werden können und gegen ihre Grundannahme verstoßen.

Da der Homo oeconomicus immer rational, gewinnmaximierend und zu seinem eigenen Vorteil handelt, kennt die ökonomische Theorie entgegen der wirklichen Welt beispielsweise auch kein altruistisches Verhalten. Wie wir jedoch wissen, gibt es unter den Menschen aus vielerlei uneigennützigen Gründen der Mitmenschlichkeit, aus religiösen Gründen, aus Mitleid, aus schlechtem Gewissen heraus…usw. oft sogar sehr große Bereitschaft zur Wohltätigkeit. Auch dies ist aus der Sicht der klassischen Theorie nicht vereinbar und „unökonomisch".

In der ökonomischen Theorie handelt der Homo Oeconomicus rein nach seinen objektiven Annahmen und Informationen. Jeder handelt so unabhängig und ohne Beeinflussung von den anderen Marktteilnehmern.

In der Realität kann man hingegen eine sehr starke Beeinflussung des menschlichen Verhaltens durch das Verhalten anderer beobachten. Diese Beeinflussungen kann man in verschiedene Kategorien aufteilen. Da gibt es zum einen die Beeinflussung der sogenannten Opinionleader. Dieses Verhalten ist ein Nachahmen vom Verhalten von Personen, mit welchen man sich gerne identifizieren möchte. Daher lässt man sich von diesen insoweit beeinflussen, dass man das nachahmt, was diese Personen machen oder kaufen.

Zum anderen gibt es aber auch genau das gegenteilige Verhalten durch eine Beeinflussung. Dieses Verhalten ist eher mit raren oder exklusiven Gütern verbunden, deren Konsum bei einer Gruppe umso mehr sinkt, je mehr eine andere Gruppe von dem bestimmten Gut konsumiert. Ganz nach dem Motto: Haben dieses Gut auch andere, so wird es für mich uninteressant. Es verliert sozusagen an Exklusivität.

Ähnlich verhält es sich bei der dritten Kategorie der Beeinflussung durch andere, welche bei sehr seltenen Gütern, die auch einen bestimmten Status symbolisieren, zu beobachten ist. Es sind Fälle, in denen ein spezielles Gut für den Konsumenten per se uninteressant wäre. Sein Interesse wird jedoch nur durch den Umstand geweckt, dass dieses bestimmte Gut durch andere Marktteilnehmer sehr begehrt ist und es sehr schwer oder nur zu sehr hohen Kosten zu beschaffen ist. Somit wird durch diese Beeinflussung ein Gut interessant, für welches normalerweise kein Interesse vorhanden wäre (Ich will dieses Gut unbedingt haben, weil es sonst niemand anderer hat z. B. Sammler von Unikaten).

Das genaue Gegenteil ist der Fall bei der vierten Kategorie. Hier handelt es um die Beeinflussung anderer in beispielsweise Modeangelegenheiten. Ein bestimmtes Gut wird „hip" und modern und aus diesem Grund wollen es auf einmal alle haben. Ohne das „In-Mode-Kommen" wären diese Güter per se für die meisten uninteressant. Nur durch die Beeinflussung anderer, werden diese Güter aber gesucht (Was alle anderen haben, muss ich auch haben).

So sind auch die hier gezeigten Verhaltensweisen nicht durch die Theorie des Homo Oeconomicus erklärt.

Der Homo Oeconomicus überschuldet sich auch nicht aus reinen Konsumgründen. Genauso geht er keine nicht bekannten, unangemessenen finanziellen Risiken ein. In der Realität jedoch ist die menschliche Eitelkeit und Unbeherrschtheit überall vorhanden und insbesondere das häufige Gefühl... „Was mein Nachbar hat, muss ich unbedingt auch haben"... oder ... „Das, was jetzt so angesagt ist, muss ich unbedingt auch kaufen, um nicht als altmodisch zu gelten" ist überall bekannt und weit verbreitet. Die Konsequenz in der realen Welt ist eine sehr häufige Überschuldung der Individuen aufgrund von übermäßigem und sinnlosem Konsum und das Versagen von Forecasts, weil in der Wirklichkeit immer wieder für Ökonomen etwas Unerwartetes geschieht. Immer wieder gibt es neue Skandale, dass gierige Banker und Wertpapier- und/oder Aktienhändler ihre Limits überschreiten, zu viel riskieren und die Firma, für die sie tätig sind, manchmal an den Rand des Ruins treiben. Und immer wieder kommt die Frage: Warum haben die Kontrollmechanismen versagt?

---

1. Beispiel

In der ökonomischen Theorie gibt es keine Beeinflussung der Individuen aufgrund von zusätzlichen nebensächlichen und unbewussten Informationen. Der Homo Oeconomicus ist voll informiert und entscheidet ohne jegliche Beeinflussung rein rational. Der normale Mensch hingegen ist in der Realität unzähligen Informationen und Reizen ausgesetzt die bei ihm bewusst oder unbewusst bestimmte Denkprozesse auslösen, welche für seine Entscheidungsfindung signifikant und relevant sind. Manche Informationen sind sogar so wichtig, dass sie andere, mit ihnen in keinem Zusammenhang stehende Entscheidungen stark beeinflussen und den Menschen bis zum nicht rationalen Handeln zwingen (beispielsweise durch Werbung).

In der Theorie wird das Individuum als sozial nicht abhängig betrachtet und trifft seine Entscheidungen rein nach der Vernunft ohne jegliche Berücksichtigung seines sozialen Umfelds. In der Wirklichkeit kennt man jedoch durchaus die Stärke des Sozialen Umfeldes und seine Wirkung auf die Entscheidungen des realen Menschen. Es gibt sogar sehr stark ausgeprägte soziale Zwänge und Normen, wie Gruppenzugehörigkeit, die einen enormen Einfluss auf das ökonomische Verhalten der Marktteilnehmer in der Realität haben. Sehr gut kann man dies beispielsweise an Modetrends und manchmal an regelrechten Hypes nach bestimmten Produkten beobachten. Dann sieht man diese Produkte auf einmal überall und jeder scheint sie zu wollen und zu haben.

Die ökonomische Theorie kennt auch keine Präferenz für sogenannte emotionale Güter. Es sind Güter, die für Ihre Besitzer mit einer bestimmten Emotion in Verbindung stehen, und deswegen besonders geschätzt werden. So kann es beispielsweise das alte Haus sein, in dem bereits die x-te Generation der Familie lebt, oder der alte Wagen, den man vor x Jahren zum Abitur oder Geburtstag geschenkt bekommen hat und von welchem man sich nicht trennen möchte, obwohl der Zustand schon sehr schlecht ist oder man den Wagen gar nicht mehr braucht. Zu solchen Gütern haben Menschen eine besonders hohe Zuneigung, die in den allermeisten Fällen weit über den normalen üblichen Marktpreis hinausgeht. Der Homo Oeconomicus kennt so etwas nicht und bewertet die Dinge immer streng rational exakt nach den Vorgaben des Marktes.

Der Homo Oeconomicus kennt in der Theorie auch keinen Zwang oder kein Bedürfnis nach einer sozialen Anerkennung. Für ihn ist rein rationales eigennütziges ökonomisches Handeln vorgegeben. Nicht soziales. In der Realität jedoch ist das Bedürfnis nach einer sozialen Anerkennung der Menschen sehr oft sehr hoch und deswegen sind auch die Handlungen der Marktteilnehmer von sozialen Aspekten und Normen sehr stark geprägt und von diesen abhängig. Das Bedürfnis nach sozialem Aufstieg ist in Wirklichkeit so groß, dass Individuen oft großes Vermögen dafür investieren und altruistisch handeln, um soziale Anerkennung zu erlangen, was dem reinen ökonomischen eigennützigen Handeln diametral widerspricht.

Die ökonomische Theorie kennt auch keine Markttintransparenzen. Der Homo Oeconomicus ist immer im Besitz aller Informationen und handelt entsprechend. In Wirklichkeit wissen wir alle, dass ein vollkommen transparenter Markt eine Illusion ist. Die ganze ökonomische Welt ist voller Intransparenzen und Unternehmen haben aus Eigennutz oft sogar großes Interesse daran, dass der Konsument nicht transparent informiert wird. Das Ergebnis sind Oligopolistische Märkte, Kartelle, Absprachen, undurchsichtige Bankprodukte usw. Das ist die Realität, nicht die Ausnahme.

In der ökonomischen Theorie ist der Homo Oeconomicus rational, das heißt er ist nicht abergläubisch und handelt auch nicht nach bestimmten angelernten Stereotypen. Der Mensch in der realen Welt hingegen ist ein Wesen, das sehr stark nach gelernten oder vorgelebten Mustern, nach bestimmten Stereotypen handelt und entscheidet und sehr oft auch abergläubisch ist und sich von Dingen beeinflussen lässt, die sehr oft willkürlich sind.

---

2. Beispiel

Der Homo Oeconomicus kennt keine Beeinflussung seiner rationalen Entscheidungen und seines Verhaltens durch die verschiedensten Gemütszustände wie beispielsweise Angst, Wut, Enttäuschung, Gier, Liebe, Hass, Trauer usw. Dies sind alles auf Gefühlen basierte Zustände des menschlichen Gemüts, die bei allen Menschen praktisch immer vorhanden sind und durch welche sie auch in starken Maß bei ihren Handlungen und Entscheidungen beeinflusst werden. Deshalb handeln sie sehr oft nicht rational, so wie es der Homo Oeconomicus tut und deshalb steht auch das reale menschliche Handeln sehr oft im konträren Widerspruch zur ökonomischen Theorie.

In der ökonomischen Theorie werden Entscheidungen des Homo Oeconomicus ohne die Berücksichtigung der Vergangenheit getroffen. Er entscheidet sich stets von neuem auf der Basis der Vernunft und der im Entscheidungszeitpunkt vorliegenden Informationen. In der Realität jedoch entscheiden Menschen auch aufgrund ihrer Erfahrungen, die sie in der Vergangenheit gemacht haben und beziehen die Erkenntnisse und Erfahrungen aus der Vergangenheit in ihre Entscheidungsprozesse in der Gegenwart mit ein. Dadurch werden ihre gegenwärtigen Entscheidungsprozesse maßgeblich durch die Geschehnisse in der Vergangenheit beeinflusst.

3.2 Die Differenz zwischen der klassischen ökonomischen Theorie und der ökonomischen Wirklichkeit

Diese gezeigten Beispiele zeigen den Unterschied zwischen der Wirklichkeit und der konstruierten Theorie in der Ökonomie mit ihren zugrunde liegenden Annahmen. Die Schnittmenge zwischen der ökonomischen Theorie und den in anderen wissenschaftlichen Disziplinen beobachtbaren realen Fakten spiegelt die ökonomische Konvergenz wider. Durch diese Konvergenz kann man wesentlich bessere Ergebnisse erreichen, weil sie auch Beobachtungen und Gesetzmäßigkeiten aus den anderen Disziplinen berücksichtigt. Die Ausklammerung von Erkenntnissen und Gesetzen anderer Disziplinen hingegen, ist die Ursache dafür, dass viele Ereignisse (Verhaltensweisen) in der realen Ökonomie mit der gängigen ökonomischen Theorie und ihren zugrundeliegenden Modellen nicht vorhersehbar und nicht erklärbar sind. Weil eben andere wichtige Faktoren, die außerhalb der Ökonomie liegen, viel zu wenig berücksichtigt werden. Somit stimmen in der Folge der zu engen Betrachtungsweise die Ereignisse in der Realität nicht mit der Theorie (Vorhersagen) überein. Die Theorie versagt und liefert dann falsche Prognosen und unbefriedigende Ergebnisse. Auch dies lässt sich anhand vieler konkreter Beispiele gut veranschaulichen:

Beispiel Arbeitslosigkeit

Die ökonomische Theorie geht davon aus, dass z. B. Angebot und Nachfrage auf dem freien Arbeitsmarkt dafür sorgen, dass marktgerechte Löhne bezahlt werden und der Markt somit durch die sogenannte „invisible Hand" geräumt wird. In Wirklichkeit jedoch gibt es viele Arbeitgeber, die gerne bereit sind, **freiwillig** höhere Löhne als die marktüblichen zu bezahlen. Dies wird praktiziert, um die besonders guten Mitarbeiter zu gewinnen. Dies tun sie nicht aus altruistischen Gründen, sondern weil sie sich damit einen Vorteil auf dem Markt verschaffen – durch den Einsatz der besten Arbeitskräfte. Die zwingende Folge ist eine teilweise Friktion des Arbeitsmarktes, die rein rechnerisch dazu führen muss, dass der Markt niemals geräumt werden kann und dass somit zwingend Arbeitslosigkeit entsteht.

Beispiel Anlageverhalten der Sparer

Die ökonomische Theorie geht davon aus, dass Sparer ihr Geld bei der Bank anlegen, um es einerseits vor Verlust zu schützen (Diebstahl) und andererseits, um Zinserträge damit zu erwirtschaften. Nach dieser Theorie wurde für die Banken eine Mindestkapitaldeckung errechnet, die genau definiert, wie viel Geld (Barreserven) eine Bank vorhalten muss, um auch alle gängigen anfallenden Abhebungen und Auszahlungen der Kunden zu gewährleisten (auch bei den berechneten Schwankungen). In Wirklichkeit jedoch verzichten Menschen oft auf die Zinsen, wenn die äußeren Umstände ihnen Angst machen, ihr Erspartes zu verlieren. Somit findet in bestimmten Situationen ein derzeit nicht berechenbarer „Sturm der Sparer auf die

Banken" statt, der nicht selten zum Kollaps der Geldinstitute führt.

Beispiel Risikoverhalten

Die ökonomische Theorie geht davon aus, dass der Konsument informiert ist und weiß, was er z. B. an Finanzprodukten kauft und dass er umso besser aufpasst je höher sein Einsatz/Risiko ist – und er sich dementsprechend absichert oder risikobewusst verhält. Die Realität der großen Krise von 2008 zeigt uns jedoch schmerzhaft, dass diese Annahme eindeutig nicht richtig ist und dass massenhaft in der Realität Finanzprodukte gekauft werden, die man gar nicht kennt und auch nicht weißt, was sich hinter ihnen verbirgt. Ein Homo Oeconomicus würde keine Bankprodukte kaufen, von welchen er nichts versteht und nicht weiß, was diese beinhalten. Somit würde es in der Theorie auch nicht den Markt für solche Produkte geben. Der Mensch ist im Unterschied zu diesem aber sehr emotional und lässt sich durch Gefühle, wie beispielsweise Gier, beeinflussen.

Beispiel Verlustaversion

Die ökonomische Theorie geht davon aus, dass der Mensch rational handelt und objektiv Chancen/Risiken und Gewinne/Verluste analysiert, abwägt und analytisch berechnend auf Basis seiner Informationen seine Entscheidungen trifft. Die Angst vor Verlusten zwingt die Menschen auch oft zum unökonomischen und irrationalen Handeln, z. B. in Form von Flucht in Sachwerte (nicht immer ist dieses Verhalten rational), oder zu schnellen beziehungsweise zu späten Kauf/Verkauf von

Wertpapieren oder anderen Gütern. Für das menschliche Individuum gleichen sich generell ein Verlust und ein Gewinn in gleicher Größe **nicht** aus! Der Mensch bewertet bewiesenermaßen seine Verluste wesentlich höher als seine Gewinne in gleicher Höhe, wie auch Chancen auf Gewinne in der Zukunft. Das Risikomanagement der Banken, Versicherungen und Investoren müsste das menschliche Verhalten diesbezüglich sehr genau analysieren, um genauere und verlässlichere Risikobewertungen und Prognosen zu erlauben und effektive Risikoinstrumente zu entwickeln. Dies wird jedoch nur unzureichend gemacht. Stattdessen geht man heute genau den umgekehrten Weg: Es werden immer mehr Daten und Zahlen erhoben und aufbereitet, um diese in realitätsfremden Formeln zu berechnen, um vorzutäuschen, antizipieren zu können, wie sich der Mensch in bestimmten Situationen verhalten wird. Daraus beziffert man quantitativ das Risiko für Geldeinlagen, Hypotheken, Investments, Unfälle, Sicherheitsmaßnahmen, …usw. und setzt dann basierend auf den falschen Annahmen auch noch die falschen Instrumente ein. Die unrichtigen (weil realitätsfremden) Annahmen führen dann unweigerlich zu fehlerhaften Ergebnissen, zum Versagen und zu Krisen. Mit all den Folgen für die Menschen, für die Unternehmen, für die Märkte und letztendlich auch für die ganze Gesellschaft.

Beispiel Anreizsetzung

Die ökonomische Theorie geht davon aus, dass Mitarbeiter die durch besonders hohe Bonuszahlungen belohnt werden, besonders gute Leistung erbringen und dazu angehalten werden im Sinne und zum Wohle des Unternehmens zu handeln. In Wirklichkeit führen jedoch extrem hohe Bonuszahlungen dazu, dass die betreffenden Mitarbeiter dazu motiviert werden z. B. aus Eigennutz Risikolimits zu überschreiten und extrem hohe Risiken für die Firma einzugehen, um selber auch extrem viel verdienen zu können. Es wird also genau das Gegenteil erreicht von dem, was das Unternehmen eigentlich möchte: Es werden dadurch Anreize dafür gesetzt, dem Unternehmen zu schaden.

Beispiel Kooperationsverhalten
Die ökonomische Theorie geht davon aus, dass Gruppenboni für gute Arbeitsleistung nicht funktionieren können, weil das einzelne Individuum sich hinter der Leistung der Gemeinschaft verstecken kann und somit von der Arbeit anderer profitieren wird. In Wirklichkeit funktionieren Gruppenboni unter den meisten Bedingungen extrem effektiv um die Leistung einer ganzen Gruppe – aber auch die des Individuums – zu erhöhen und zu belohnen. Denn die einzelnen Mitglieder sind sich durchaus des Problems des „Free-Riding" bewusst und es findet automatisch gruppenintern ein internes Gegensteuern statt.

Beispiel Konsumverhalten
Die ökonomische Theorie geht davon aus, dass jedes Konsumverhalten nur bis zu einer Sättigungsgrenze führt und nicht weiter. Ein Subjekt wird nach der Theorie genau so viel konsumieren, bis jeder weitere Konsum genau Null zusätzlichen Nutzen/Vorteil/Befriedigung für ihn bringt.

Auch andere Gruppeneffekte (Mode-Hypes, Snob-Effekte*, soziale oder religiöse Zwänge usw.) und gegenseitige Beeinflussungen der Marktteilnehmer durch z. B. Opinion-Leader (Meinungsmacher) werden in den klassischen Theorien nicht berücksichtigt. Sie sind jedoch überall zu beobachten und können in der Verhaltensforschung heute auch gemessen werden (z. B. Spenden, Opfern, Nachahmen von Trends, Verzicht, um sich von anderen zu unterscheiden, usw.).

(*Bei dem Snob-Effekt handelt es sich um ein anormales Verhalten bei der Nachfrage, bei dem die Kaufentscheidung nicht mit dem Preis zu begründen ist. Der Snob-Effekt führt dazu, dass eine einzelne Person bzw. eine Gruppe von Personen ein Produkt nicht mehr nachfragt, nur weil andere Personen dieses Produkt auch gekauft haben.)

Es ist durch nichts zu widerlegen und lässt sich auch logisch erklären, dass das menschliche Handeln im Allgemeinen nicht durch die Gewinnoptimierung, sondern durch die „Gefühlsoptimierung" beziehungsweise „Glücksoptimierung" (=Interessen) ursachlich bestimmt wird.

Das ist in vielen Fällen auch nicht unbedingt ein Widerspruch zur reinen Maxime der Gewinnoptimierung. Denn die Gewinnoptimierung macht einen bestimmten Anteil an der „Gefühlsoptimierung" (=eigentliches Interesse des Individuums) aus. Die Größe dieses Anteils ist von vielen Faktoren abhängig. Je größer dieser Anteil aber ist, desto besser trifft die Annahme der klassischen ökonomischen Theorie zu, was unbestritten auch oft tatsächlich der Fall ist. Dann trifft dementsprechend auch die Annahme des Homo Oeconomicus zu und die

Gewinnoptimierung entspricht in etwa der „Gefühlsoptimierung", was nichts anderes heißt, als dass der Mensch in gewisser Weise „glücklich", oder zumindest zufrieden durch die Gewinnoptimierung wird.

Es ist aber auch sehr oft genau umgekehrt so, dass der Anteil der Gewinnoptimierung an der „Gefühls-" oder „Glücksoptimierung" sehr gering ist, oder sogar gegen Null geht. Je kleiner dieser Anteil ist, desto unzutreffender sind die Annahme der klassischen ökonomischen Theorie und die des Homo Oeconomicus. Denn desto weniger trägt die Gewinnoptimierung zu der „Glücksoptimierung" dieses Menschen bei. Die „Glücksoptimierung" wird durch andere, für ihn wichtigere, Faktoren bestimmt. Die Gewinnoptimierung spielt dann kaum eine Rolle und ist daher auch kein Antrieb oder Motivation für ihn.

Ob der reine Akt der Gewinnmaximierung als die Ursache dafür angesehen werden kann, dass sich das erwünschte „gute Gefühl" beim Wirtschaftssubjekt (beim Menschen) einstellt, welches man als Befriedigung seiner Bedürfnisse beschreibt, ist sehr zweifelhaft.

Zu analysieren ist hierbei also die Frage, ob für das Individuum die ökonomische Komponente an sich (Gewinnmaximierung) der Grund für die Befriedung und das gute Gefühl ist, oder ob die ökonomische Komponente nur eine Art Voraussetzung darstellt, welche erfüllt sein muss, um etwas noch „wertvolleres" oder wichtigeres zu erreichen, was dann tatsächlich der eigentliche Grund für die Befriedigung und das gute Gefühl ist. Beispielsweise könnte der eigentliche Grund und Ursache für einen Menschen sein, dass er begehrt und geschätzt werden will und unterbewusst denkt, dass durch wirtschaftlichen/finanziellen

Erfolg (Gewinnmaximierung), dieser Zustand erreicht wird. Daher ist er motiviert und empfindet Genugtuung und Glück durch ökonomischen Erfolg und wird durch ökonomische Anreize (Gewinnoptimierung) motiviert. Denn rational betrachtet, kann Geld/ökonomischer Erfolg allein, niemals Genugtuung und Glück verschaffen. Es ist immer nur eine Vorstufe zu einem anderen, höherstehenden Bedürfnis (z. B. nach Sicherheit, nach Anerkennung, nach Begehrt-sein...usw.).

Zusammenfassend bedeutet das also:

Annahme des Beispiels: Ein Mensch wird zum bestimmten Teil durch finanzielle/ökonomische Gründe motiviert/befriedigt.

Aus diesem konkreten Beispiel ergeben sich nur zwei Möglichkeiten:

a) Der finanzielle/ökonomische Gewinn allein macht glücklich (diese Alternative wird als sehr unwahrscheinlich erachtet)

b) Der finanzielle/ökonomische Gewinn muss befriedigt werden, damit der eigentliche Grund erreicht wird, der den Menschen glücklich macht und ihm Befriedigung gibt (diese Alternative wird als die wahrscheinlichere erachtet)

Dieses Detail ist für das Verständnis und für die Analyse des Sachverhalts sehr wichtig.

Im ersten Fall wäre der Akt der Gewinnmaximierung per se die Befriedigung des Individuums – dann wäre logischerweise auch die Gewinnmaximierung die ursächliche Motivation für sein Handeln.

Im zweiten Fall wäre der Akt der Gewinnmaximierung lediglich der Grund dafür, dass das Individuum sich aufgrund seiner Veranlagungen und Präferenzen (beispielsweise Wunsch nach Ansehen, Wertschätzung, Sicherheit...) durch diesen Akt auf seiner ganz persönlichen „Glücksskala" verbessert. Diese Präferenzen führen dann erst zu einer Verbesserung auf seiner persönlichen „Glücks- oder Zufriedenheitsskala" und sind der wahre Grund für seine Befriedigung, sein gutes Gefühl oder „Gefühlsoptimierung". In diesem Fall wäre dann zwangsläufig nicht die Gewinnmaximierung die ursächliche Motivation für sein Handeln, sondern die Befriedigung der Wünsche nach Ansehen, Sicherheit, Wertschätzung... die zur „Glücks- oder Zufriedenheitsoptimierung" führt.

Es gibt, wie oben angeführt, auch den Fall, dass die Gewinnoptimierung als Motivation und Antrieb kaum, oder gar nicht vorhanden ist. Das bedeutet, dass dieser Mensch durch ökonomische Anreize überhaupt nicht motiviert werden kann.

Den Unterschied zum oben gezeigten Fall, wo das Individuum durch Gewinnoptimierung teilweise, oder ganz mit ökonomischen Anreizen motivierbar war, kann man anhand von folgenden Beispielen sehr gut veranschaulichen: Im ersteren nehmen wir einen Briefmarkensammler an, der seit sehr langem eine ganz bestimmte und sehr seltene Briefmarke endlich bekommt. Der Besitz dieser Briefmarke macht ihn glücklich und verschafft ihm Genugtuung. Das Besitzen dieser Briefmarke war seine jahrelange Motivation für die schwierige und lange Suche nach dieser Briefmarke – also die ursächliche Motivation für sein Handeln. Unabhängig vom Preis oder Wert dieser Briefmarke.

Im zweiten Fall nehmen wir einen durstigen Menschen an, der nach einer langen Wanderung oder Suche nach Wasser endlich etwas zu trinken bekommt. In diesem Fall ist es sicherlich nicht der Besitz des Wassers, was diesem Menschen die Freude und Genugtuung verschafft. Das Wasser ist lediglich das Mittel zum Zweck – nämlich seinen Durst zu löschen. Somit ist nicht das Wasser das, was ihm die eigentliche Genugtuung verschafft, sondern die Tatsache, dass er seinen Durst löschen kann und mit dem Löschen des Durstes seine Zufriedenheit oder Glück steigert beziehungsweise sein Unwohlsein, verursacht durch den Durst, lindert.

Um von diesem Detail zurück auf die Ökonomie zu kommen, bedeutet es zwangsläufig, dass die bisherigen wirtschaftstheoretischen Modelle alle davon ausgegangen sind, dass der Homo Oeconomicus dieses Gefühl ausschließlich durch seine gewinnorientierten und gewinnmaximierenden Handlungen generieren konnte. Denn nur wenn diese Prämisse gegeben ist, dass nur eine Gewinnoptimierung ihm dieses gute Gefühl verschafft, ist davon auszugehen, dass alle seine Handlungen dem Gewinnstreben und der Gewinnmaximierung als Grundlage dienen. Denn genau das ist die Grundannahme auf der die ökonomischen Theorien aufbauen.

Dass diese Grundannahmen nicht der Wirklichkeit entsprechen, belegen die menschlichen Erfahrungen und zeigen auch viele Experimente. Denn in den letzten Jahren fand in der Ökonomie ein regelrechter Umbruch statt. Aus der ehemals sehr theoretischen Forschung heraus wurden immer mehr Experimente durchgeführt, um auch die aufgestellten Theorien auf ihre Validität in der Praxis zu testen. Denn es ist einleuchtend, dass eine Theorie durch Experimente belegt oder widerlegt werden kann. Dadurch wurde immer mehr deutlich, dass der Hauptantrieb und die Motivation des Menschen eben nicht nur die reine Gewinnmaximierung sein kann. Auch wenn diese eine Rolle spielt, so sind es viel mehr Faktoren, wie unter anderem Altruismus und Angst bzw. Verlustaversion, die eine große Rolle bei seinen Handlungen und Entscheidungen spielen und die zusammen zu dem Gefühl des Glücks oder der Genugtuung führen, nach dem die Menschen im Allgemeinen streben.

Dieser Mix von Beweggründen verändert sich offenbar im Laufe des Lebens und hängt allem Anschein nach auch von den Umständen des Lebens ab. An dieser Stelle wird der Zusammenhang mit der sogenannten Bedürfnispyramide von Maslow sehr deutlich.

3.3   Die Bedürfnispyramide

Hier wurden bereits im Jahr 1943 die verschiedenen Hierarchien an Bedürfnissen identifiziert, welche der Wichtigkeit nach befriedigt werden.

Die menschliche Bedürfnishierarchie nach Maslow, auch bekannt als Bedürfnispyramide, ist eine Theorie der Sozialpsychologie, entwickelt vom US-amerikanischen Psychologen Abraham Maslow (1908–1970). Sie identifiziert menschliche Bedürfnisse und Motivationen, ordnet sie in eine hierarchische Struktur und liefert theoretische

Erklärungen sowohl für den Inhalt wie auch für die Hierarchie. Deswegen ist diese Theorie auch für die Ökonomie so interessant.

Maslow kann man als den Begründer der humanistischen Psychologie betrachten. In dieser wurde die menschliche Selbstverwirklichung im Rahmen eines ganzheitlichen und allumfassenden Konzepts untersucht. Die Verabsolutierung quantifizierender Modelle und Methoden in der Psychologie wurde abgelehnt, da man sie als nicht der Realität entsprechend ansah. Das Lebenswerk Maslows war wesentlich weitreichender und breiter als das hier betrachtete Modell der menschlichen Bedürfnisse, doch diese einfache und verständliche Darstellung hat ihn nicht nur in der Psychologie, sondern auch in anderen wissenschaftlichen Fachrichtungen – unter anderem auch in der Ökonomie – bekannt gemacht.

Maslows Bedürfnishierarchie wurde innerhalb seiner neuen psychologischen Theorie schnell in anderen Wissenschaften anerkannt. Das Thema „menschliche Bedürfnisse" wurde fortan fachübergreifend in den Sozialwissenschaften, in der Theologie oder in der Philosophie und der Ökonomie behandelt. Speziell spielte seine Theorie in der Ökonomie an der interessanten Schnittstelle von Wirtschaft und Psychologie, also in der Wirtschaftspsychologie, eine Rolle. Hier wird beispielsweise das Marketing oder das Kaufverhalten von Personen analysiert.

Das neu entwickelte Menschenbild von Maslow unterscheidet sich diametral von dem der anderen psychologischen Schulen:

Der Anfang des 20. Jahrhunderts vom John B. Watson gegründete Behaviorismus war für die Ökonomie von

Bedeutung. Allerdings ging dieser von einem sehr schlechten Menschenbild aus, da er annahm, dass das menschliche Verhalten auf animalischen Trieben und Reflexen beruht. Maslow widersprach dieser Ansicht diametral und ging in seinem Modell davon aus, dass Menschen im Grundsatz gut sind. Er widersprach auch der Ansicht, dass der Mensch nur durch niedere Triebe gesteuert sei und war vielmehr durch Beobachtungen davon überzeugt, dass er generell durch sein angeborenes Wachstumspotenzial angetrieben wird, um sein höchstes Ziel zu erreichen, nämlich die eigene Selbstverwirklichung. Dies ist eine sehr positive und optimistische Sicht des Menschen, die sich in der damaligen Zeit auch komplett von der der damaligen Psychologie – angeführt durch Freud – unterschied. Maslows Arbeiten, bald gefolgt von weiteren Wissenschaftlern, wie z. B. Carl Rogers und Charlotte Bühler, entwickelten sich zum Beginn einer komplett neuen Schule, bekannt auch als humanistische Psychologie. Aus dieser Schule entwickelte sich später gegen Ende des 20. Jahrhunderts die positive Psychologie. Dies bedeutet jedoch nicht, dass das Verhalten von Tieren oder neurotischen Menschen bestritten oder in der Theorie ausgeblendet wurde. Maslow erkannte durchaus auch diese Verhaltensweisen und integrierte sie in seine Theorie:

Destruktivität, Sadismus, Grausamkeit sind nicht inhärent (also sie sind keine ureigenen menschlichen Bedürfnisse wie etwa bei Freud), sondern wesentliche Reaktionen auf Frustrationen unserer inhärenten Bedürfnisse (Abraham Maslow: Psychologie des Seins- Ein Entwurf, 1973, Seite 21).

Dies ist eine sehr wichtige Feststellung für die Frage, wie die Gesellschaft den Menschen prägt und sein Verhalten beeinflusst (speziell auch im Zusammenhang mit Motivationen und mit Straftaten, was hier später behandelt wird).

Maslow begann in seiner professionellen Forschungstätigkeit von Anfang an, eine positive Theorie der Motivation zu formulieren. Seine Bestrebung war es, diese Theorie zu etablieren und zu beweisen, was damals nur durch klinische Beobachtungen und Experimente möglich war.

Maslowsche Theorie der Bedürfnishierarchie

Die Bedürfnishierarchie bei Maslow beschäftigt sich mit Art und Wirkung von Motiven. Außerdem bietet sie auch die Möglichkeit die Motive zu bewerten und indiziert zugleich nach welchen Gesetzmäßigkeiten welche Motive verhaltensbestimmend sind. Maslow war der erste, der beschrieb, dass manche Bedürfnisse Priorität vor anderen haben. Beispielsweise sind Luft und Wasser für den Menschen viel lebensnotwendiger als beispielsweise Luxusgüter. Trotzdem findet er anfangs aber eine strikt getrennte und hierarchisch aufgestellte Auflistung aller Bedürfnisse für nicht möglich. Aus diesem Grund bildet er zunächst fünf Cluster, beginnend mit den grundlegendsten physiologischen bis hin zu den kognitiv und emotional hoch entwickelten humanen Bedürfnissen:

1. Physiologische Bedürfnisse
2. Sicherheitsbedürfnisse
3. Soziale Bedürfnisse
4. Individualbedürfnisse
5. Selbstverwirklichung

Im zweiten Schritt nimmt er eine weitere Unterteilung der ersten vier Kategorien in Defizitbedürfnisse (oder Mangelbedürfnisse) und der letzten in Wachstumsbedürfnisse (oder unstillbare Bedürfnisse) vor, mit der Begründung, die Nichtbefriedigung bestimmter Bedürfnisse – der Defizitbedürfnisse – könne physische oder psychische Störungen zur Folge haben. So beobachtete er beispielsweise, dass ein Defizit an Sicherheit, Angst, fehlender sozialer Kontakt usw. emotionale Störungen verursachen können. Wachstumsbedürfnisse hingegen könnten nie wirklich befriedigt werden, allerdings könne auch dies ebenso psychische Störungen oder sogar Minderwertigkeitskomplexe verursachen.

Nach Maslows Beobachtungen aktiviert und beeinflusst ein Bedürfnis das menschliche Handeln nur dann, solange es nicht befriedigt ist. Dabei wird das Handeln weniger von innen angetrieben („pushed") als von den Befriedigungsfolgen angezogen („pulled") (Vergleiche hierzu weiter oben die beiden Alternativen der Glückssteigerung). Mit zunehmender Befriedigung eines Bedürfnisses nimmt also dessen motivierende Kraft ab (Wenn man nicht mehr durstig ist, versucht man beispielsweise nicht mehr zu trinken).

Die fünf Ebenen der Bedürfnisse bei Maslow

1. Physiologische Bedürfnisse

Maslow unterscheidet hier eine Gruppe von Elementarbedürfnissen (Mineralien, Hormone, Vitamine usw.), die der Körper selbst reguliert (vergleiche dazu das Homöostase-Konzept von Walter Cannon (1932)). Insbesondere auf dieser Ebene sei es unsinnig, einzelne Bedürfnisse aufzulisten, denn deren Anzahl hänge lediglich von der Spezifität der Beschreibung ab. So können wir etwa nicht sicher bestimmen, ob das unspezifische Bedürfnis nach „Mineralwasser" auf ein bestimmtes Element seiner Einzelbestandteile, z. B. Natrium, Calcium oder Nitrat, zurückzuführen ist. Man kann zudem nicht alle physiologischen Bedürfnisse auf eine Selbstregulation zurückführen. Schlaf, Sexualverhalten oder Mutterliebe lassen sich genauso wenig ausschließlich homöostatisch erklären wie sensorischer Genuss (Geschmack, Geruch, Kitzeln, Streicheln), zumal es sich dabei oft um hochkomplexe, nicht monokausale Verhaltensstrukturen handelt.

2. Sicherheitsbedürfnisse

Sind physiologische Bedürfnisse relativ gut befriedigt, taucht eine neue Reihe von Bedürfnissen auf: Sicherheitsbedürfnisse.

Maslow beschreibt, dass es bezüglich der Untersuchung von Sicherheitsbedürfnissen besser ist, Kinder zu untersuchen. Ihre Reaktionen auf grobe Behandlung (plötzliches Fallenlassen) oder ungewöhnliche sensorische Stimulation (blinkende Lichter, plötzlicher Lärm) ist unverfälscht – im Gegensatz zu Erwachsenen, die durch Sozialisation oft gelernt haben, Angst oder Mangel an Sicherheit äußerlich nicht zu zeigen.

In der Gesellschaft seiner Zeit sah Maslow die Sicherheitsbedürfnisse als weitgehend erfüllt an. Eine weitere Untersuchung und direkte Beobachtung dieser

Bedürfniskategorie hielt er daher nur bei neurotischen Personen oder wirtschaftlichen und sozialen Außenseitern für sinnvoll oder gar möglich.

Im weiteren Sinn sei die Suche nach Sicherheit und Stabilität aber auch in der menschlichen Bevorzugung des Bekannten gegenüber dem Unbekannten präsent. Darüber hinaus bedinge das Sicherheitsstreben zumindest anteilig die Entstehung von Religionen und naturwissenschaftlichen Weltbildern: Der Mensch strebe auch in dem Sinne nach Sicherheit, dass er jedes Phänomen erklären und Zusammenhänge aufdecken wolle. Nur in einem Nebensatz erwähnt Maslow, dass Menschen, bei denen die Sicherheitsbedürfnisse aktuell motivierende Kraft haben, oft spezifisch dadurch charakterisiert sind, dass für sie Suche nach einem Beschützer, einer stärkeren Person, von der man abhängt, von großer Bedeutung ist.

Personen, die an Zwangsstörungen (Reinlichkeitszwang, Zählzwang, Ordnungszwang usw.) leiden, sieht er als prototypische Vertreter der Kategorie der Sicherheitsbedürfnisse. Sie versuchen verzweifelt, durch Rituale und Regeln die Welt derart zu ordnen und zu stabilisieren, dass alles Unbekannte, Unerwartete und nicht Handhabbare verschwindet.

3. Soziale Bedürfnisse

Sind die ersten beiden Kategorien weitgehend befriedigt, erlebt der Mensch einen starken Drang nach sozialen Beziehungen. Die Abwesenheit von Freunden, eines geliebten Menschen, des Lebenspartners oder der Kinder wird ein starker Motivator sein, diese Lücke zu überwinden bzw. die vorige, nicht frustrierende Situation wiederherzustellen. Gleichzeitig wird er auch versuchen, eine bestimmte soziale Rolle zu erfüllen bzw. sich einen Platz in einer sozialen Gruppe zu sichern.

Maslow benutzt hier das Wort „Liebe" und betont den Unterschied (nicht synonym) zum Wort „Sex". Geschlechtsverkehr könne auch als rein physiologisches Bedürfnis untersucht werden. Gewöhnliches Sexualverhalten (nicht von der Norm abweichendes) ist nach seiner Ansicht aber mehrdimensional, d. h. dass es zusätzlich auch nicht erotisch definierte Komponenten wie Zuneigung und Geborgenheit enthält. Außerdem darf nicht vergessen werden, dass das Zuwendungsbedürfnis sowohl das Empfangen wie das Geben von Liebe beinhaltet.

4. Individualbedürfnisse
Maslow versucht hier noch einmal, zwei Unterkategorien zu unterscheiden:

- den Wunsch nach (mentaler/körperlicher) Stärke, Erfolg, Unabhängigkeit und Freiheit
- den Wunsch nach Ansehen, Prestige, Wertschätzung, Achtung und Wichtigkeit, also eine passive Komponente unserer Selbstachtung, die nur von anderen Menschen für uns erfüllt werden kann

5. Selbstverwirklichung
Wenn bis auf diese Stufe alle Bedürfnisse befriedigt sind, wird nach Maslow eine neue Unruhe und Unzufriedenheit im Menschen erwachen: Er strebt nach Selbstverwirklichung.

Den Begriff Selbstverwirklichung, den Maslow Kurt Goldstein zuschreibt, versucht er als ein spezifisches und begrenztes Konzept zu definieren. Es geht dabei um den Wunsch bzw. die Tendenz, das eigene Potenzial auszuschöpfen, also das zu werden, was einem anlagebedingt überhaupt möglich ist. In welcher Form sich dieses Bedürfnis letztlich ausdrückt, ist somit im höchsten Maße vom Individuum selbst abhängig (eine gute Mutter sein, ein Athlet, ein Erfinder usw.).

Maslow sah die weitgehende Befriedigung der ersten vier Bedürfniskategorien in der Gesellschaft seiner Zeit eher als Ausnahme an und betrachtete den Untersuchungsgegenstand „Selbstverwirklichung" als Herausforderung für die Forschung (Maslow 1943). Er schätzte einmal den Anteil der Weltbevölkerung, die diese Stufe erreichen, auf etwa 2 %.

Die Bedürfnishierarchie ist die bekannteste Klassifikation von Bedürfnissen. Sie lässt sich sehr gut für die ökonomischen Fragen nutzen, insbesondere bei der Fragestellung zum Motivationsmodell. Aufgrund der starken Komplexitätsreduktion des Themas Bedürfnisse und der möglichen Sichtweisen darauf bietet Maslows Theorie eine gewisse Ordnung in den verschiedensten Aspekten der menschlichen Motivation.

Das Modell wird in vielen Disziplinen der Wirtschaftswissenschaften und Sozialwissenschaften allgemein sehr häufig verwendet. Insbesondere in der Ökonomie ist es für fast alle Teildisziplinen von großer Bedeutung, weil eines der gemeinsamen Hauptthemen und Forschungsfelder aller Wirtschaftswissenschaften diese menschlichen Verhaltensweisen sind, die der Bedürfnisbefriedigung dienen.

Die möglichst genaue Kenntnis und Analyse der Bedürfnisse sowie die Möglichkeiten ihrer Befriedigung und vor
allem der hierfür zugrunde liegenden Motivation sind von
enormer Bedeutung. Dies kann man einerseits extern bei
den wirtschaftlichen Unternehmen (beispielsweise bei den
Stakeholdern und Kunden) als auch unternehmensintern
(Mitarbeiter) anwenden. Daher sind hier zwei praktische
Bereiche besonders betroffen:

Arbeitswelt
Bereits in den 1950er Jahren wurde Maslows Ansatz auf
die reale Arbeitswelt übertragen. Man versuchte damals
bestimmte Merkmale zu finden, um die Arbeitsleistung
und das Verhalten in der Arbeit beeinflussen zu können.
Auf die Praxis der Arbeitsgestaltung hat es einen enormen
Einfluss gehabt.

Management- und Entscheidungslehre
Für eine zielorientierte Verhaltenssteuerung der Mitarbeiter ist die Erkenntnis über individuelle Zielvorstellun-
gen und Motivationen von zentraler Bedeutung. Für die
interne Personalabteilung und das Management ist es
wichtig zu wissen, auf welchen Bedürfnisstufen Menschen
jeweils wie agieren. Werden beispielsweise in einer Krea-
tivabteilung neue Konzepte und Ideen generiert, dann
ist das relativ schwierig, wenn zum Beispiel ein Großteil
der Mitarbeiter gerade um seine Arbeitsstelle fürchtet.
Insbesondere kreative Lösungen können nämlich nur in
einem entspannten und nicht belastenden Umfeld entstehen. Auch wird man sich nicht intensiver mit dem
Einfluss höherer Ziele beschäftigen. Denn befindet sich

ein Mensch auf diesen Ebenen, dann liegt eine Entscheidungsunterstützung erfahrungsgemäß eher in einer Diskussion und Analyse von allgemeinen Werten und Weltbildern als in einem rationalen und systematischen Prozess der Entscheidungsanalyse. Speziell dieser ist aber für ökonomische Situationen wichtig. Hier wird klar, dass in der freien Wirtschaft im Wettbewerb meist weniger Wert daraufgelegt wird, dass sich die Mitarbeiter mit ihren individuellen Fähigkeiten voll entfalten. Stattdessen soll jeder als ein kleines Schräubchen einer großen Maschine seine Aufgabe erfüllen und gut „funktionieren". Erst in den modernsten Unternehmen, die sich nach den neuesten wissenschaftlichen Erkenntnissen richten, wird endlich versucht, Mitarbeitern auch höhere Bedürfnisebenen zugänglich zu machen, indem sie verstärkt Lob, Anerkennung und Wertschätzung erfahren.

Diese den Menschen und seinem Verhalten zugrunde liegenden Unterschiede im Vergleich zum rationalen und roboterhaft agierenden Homo Oeconomicus trugen zur Entwicklung und Anerkennung der sogenannten Verhaltensökonomie bei.

3.4   Die Verhaltensökonomie

Viele kleine Schritte und Entwicklungen im Zusammenhang mit dem menschlichen Verhalten haben dazu beigetragen, dass sich auch die Ökonomie weiterentwickelt hat. Insbesondere das in den letzten Jahren sehr populär gewordene Gebiet der Verhaltensökonomie beschäftigt sich mit dem menschlichen Verhalten im ökonomischen

Kontext. Dabei werden die unterschiedlichsten Situationen untersucht, in denen sich Menschen im Widerspruch zur Modell-Annahme des in der Ökonomie angenommenen Homo oeconomicus verhalten, also nicht im Einklang mit dem rationalen nutzenmaximierenden Handeln.

Die ursprüngliche klassische Nationalökonomie war sehr eng verbunden einerseits mit der Wirtschaftstheorie und andererseits mit der Psychologie. Was heute viele nicht mehr wissen ist die Tatsache, dass wichtige Erkenntnisse auch aus dem Gebiet der Psychologie von Adam Smith stammen. Dieser schrieb bereits 1759 eine sehr gute und wichtige Abhandlung mit dem Titel „The Theory of Moral Sentiments", in der er psychologische Prinzipien des individuellen Verhaltens beschrieb. Auch Jeremy Bentham schrieb ausführlich über die psychologischen Grundsätze der Nützlichkeit. Ökonomen begannen jedoch bald die Psychologie zu vernachlässigen. Als beim Aufkommen der Neoklassischen Theorie versucht wurde die Ökonomie als Naturwissenschaft zu etablieren, wurde die ehemals sehr starke Verbindung zur Psychologie fast ganz aufgelöst. Auf einmal wurde wirtschaftliches Verhalten von Annahmen aus der Natur der wirtschaftlich Handelnden abgeleitet. Es wurde das Konzept des Homo oeconomicus entwickelt, dessen Psychologie grundsätzlich auf der Vernunft beruhte. Trotzdem konnte aber die starke Verbindung zur Psychologie nicht vollständig getrennt werden. Denn sogar die Großen Namen in der Ökonomie wie Francis Edgeworth, Vilfredo Pareto und Irving Fisher wurden durch psychologische Erkenntnisse beeinflusst.

Im vergangenen Jahrhundert wurden die Psychologie und ihre Erkenntnisse zunehmend aus der ökonomischen

Disziplin verdrängt. Heute wird aber endlich diese Tendenz umgekehrt und es entwickelte sich in der jüngeren Vergangenheit sogar ein neuer Bereich, der als „Behavioral Economics" verstanden wird. Darin wurden überprüfbare Hypothesen aufgestellt über beispielsweise erwartete Nützlichkeit unter der Berücksichtigung von Unsicherheit. Erstmalig wurden hier endlich Hypothesen infrage gestellt und Anomalien in Beobachtungen belegt. Insbesondere Daniel Kahneman gelangte durch seine Arbeit auf diesem Gebiet zu Ruhm und Anerkennung, als er die Modelle des menschlichen Entscheidungsprozesses und Verhaltens unter Risiko und bei Unsicherheit im ökonomischen Kontext beschrieb.

Seine wichtigste Arbeit bei der Etablierung der Disziplin der Behavioral Economics wurde bereits 1979 mit seinem Coautor Amos Tversky geschrieben. In dieser Studie (Kahneman D. und A. Tversky (1979): Prospect theory: An analysis of decision under risk. In: Econometrica Band 47, Nr. 2, S. 263–291) (siehe auch weiter unten) ging es um kognitive psychologische Techniken bei zahlreichen dokumentierten Anomalien im Zusammenhang mit dem Treffen vernünftiger wirtschaftlicher Entscheidungen. Auf dem Weg zur Entwicklung dieser neuen Disziplin kamen später eine erste Konferenz an der Universität von Chicago und sogar eine Sonderausgabe des anerkannten Quarterly Journal of Economics im Jahr 1997.

Anfänglich wurde die Theorie der „Behavioral Economics" fast nur durch experimentelle Beobachtungen und durch Antworten der jeweiligen Probanden auf die aus den Beobachtungen abgeleiteten Fragen aufgestellt. In der Zwischenzeit ging man zusätzlich zu dieser Methode dazu über, auch die Bedeutung von Daten aus der wirklichen Welt zu verwenden. Die Universität Zürich geht sogar so weit und setzt die Magnetresonanztomografie ein. Das Ziel ist es herauszufinden, welche Gehirngegenden bei den verschiedenen Schritten des wirtschaftlichen Entscheidens benutzt werden und wie diese Gehirnregionen auf bestimmte Stimuli (z. B. Herabregulierung durch Strom) reagieren und wie sich dementsprechend das Entscheidungsverhalten der Probanden dadurch verändert. In den Experimenten werden reelle Marktsituationen, wie beispielsweise eine Auktion, hergestellt. Damit wird die Auswirkung einer bestimmten Voreingenommenheit auf das Verhalten der Probanden identifiziert. Das beobachtete Verhalten wird dann erklärt und interpretiert. Dabei wird durch Anpassung des Experiments die Anzahl der möglichen Erklärungen immer weiter eingegrenzt. Die Basis dieser Experimente sind echte, vergleichbare Anreize durch tatsächlich gezahltes Geld an die Probanden nach Durchführung verschiedener durch das jeweilige Experiment vorgegebener Transaktionen.

In der Theorie der Verhaltensökonomie haben sich drei Hauptthemen herauskristallisiert:

A. Heuristik
Das menschliche Verhalten und sein Entscheiden werden sehr oft aufgrund von sogenannten „Daumenregeln" und Erfahrungswerten bestimmt. Es findet also keine Analyse der tatsächlichen Möglichkeiten statt.

B. Framing
Hier spielen das Umfeld und die mit der jeweiligen Entscheidung zur Verfügung stehenden Zusatzinformationen eine Rolle. Wie diese Zusatzinformationen gegeben werden, beeinflusst die Entscheidung teilweise erheblich.

C. Marktineffizienzen

Erklärungen von beobachteten ökonomischen Handlungen, welche der Markteffizienz und rationalen Entscheidungen widersprechen. Insbesondere sind hier Anomalien beim Gewinn und fehlerhafte Bepreisung zu nennen.

Anomalien, welche den gesamten Markt betreffen, können nicht einfach nur über Individuen, die zum Beispiel bestimmte Vorurteile haben und somit bestimmte Verhaltensweisen an den Tag legen, erklärt werden. Solche individuellen Voreingenommenheiten hätten nämlich in den meisten Fällen nicht den ausreichend großen Einfluss, um beispielsweise Marktpreise und Gewinne zu ändern. Außerdem muss man hier bedenken, dass sich statistisch individuelle Vorurteile gegenseitig auch aufheben. Kognitive Voreingenommenheiten haben daher relevante Effekte nur dann, wenn es eine gesellschaftliche Kontamination mit einem sehr emotionalen Thema gibt. Diese kann beispielsweise eine allgemeine Habgier oder allgemeine Panik sein. Diese Faktoren können dann zu weit verbreiteten Phänomenen führen, wie Herdenverhalten und Gruppendenken, die hier genauer analysiert werden.

Unter dem Begriff Herdenverhalten wird ein ökonomisches Phänomen oder die Beobachtung bezeichnet, dass beispielsweise Geldanleger sich in ihren Entscheidungen unter bestimmten Bedingungen gleich einer Herde verhalten und mehrheitlich in ein Anlageobjekt investieren (Aktien kaufen) oder desinvestieren (Aktien verkaufen). Die Folgen von solchen Herdenverhalten sind sehr starke

Preisschwankungen des jeweiligen Investments. Herdenverhalten ist eine Form der sogenannten „Ansteckungseffekte". Diese sind die Ursache von Finanzmarktkrisen.

Das Herdenverhalten wird mit den vorliegenden asymmetrischen Informationen erklärt. Das bedeutet, wenn Investoren der Meinung sind, dass andere Anleger über bessere Informationen als sie selbst verfügen, so werden sie deren Verhalten (Kauf/Verkauf) als Folge dieser besseren Informationen deuten. Sie schließen sich dem Entschluss und dem Verhalten der aus ihrer subjektiven Sicht besser informierten Marktteilnehmer an. Somit ist Herdenverhalten ein Zeichen für fehlende Effizienz von Märkten.

Trotzdem ist es schwierig, Herdenverhalten nachzuweisen. Denn ein gemeinsamer Kauf/Verkauf eines bestimmten Wertpapiers durch   viele Marktteilnehmer muss   nicht zwingend auf Herdenverhalten (und somit auf Informationsasymmetrien) beruhen. Wenn neue Informationen den aktuellen Preis einer Aktie als zu hoch oder zu tief erscheinen lassen und wenn diese Informationen zum gleichen Zeitpunkt vielen Wirtschaftssubjekten bekannt werden (z. B. Medienberichterstattung), dann werden dadurch sehr viele, auch ohne eine Beeinflussung vom Verhalten anderer Anleger, eine entsprechende Kauf- oder Verkaufsentscheidung treffen.

In der Ökonomie kann Herdenverhalten viele signifikante Folgen haben. Alle führen zu übermäßigen Preisausschlägen, sodass in der Folge sogar Finanz- und Währungskrisen entstehen können.

Beim Herdenverhalten besteht der einzige Grund für den Kauf oder Verkauf einer Anlage im Steigen oder Sinken ihres Preises. Durch das Herdenverhalten kommt es also zwingend zu ständigen Über- und Unterbewertungen der Anlagepreise. Das Herdenverhalten hat damit auch ähnliche Auswirkungen wie spekulatives Verhalten. Beim Herdenverhalten kommt es aber nicht zwingend zu einer Spekulationsblase. Vielmehr kann aber das Herdenverhalten zu selbsterfüllenden Prophezeiungen führen. Denn verhält sich eine Investoren-Herde in einer bestimmten Weise, so kann dies dazu führen, dass sich auch die dieser Anlage zugrunde liegenden Fundamentaldaten durch das Herdenverhalten selbst ändern. Sie entwickeln sich in die Richtung, die die Herde vorgibt. Dann wird es rational, nicht aus der Herde auszuscheren. Dies verstärkt und stabilisiert zunehmend den Herdeneffekt weiter. Am Ende stellt sich das erwartete Ergebnis ein.

Ein ähnlicher Effekt, der in der Wirtschaft mit dem Herdenverhalten zusammenhängt, ist der sogenannte „Bank Run". Dieser ist dadurch gekennzeichnet, dass viele Sparer aus Angst gleichzeitig ihre bei der Bank deponierten Gelder und Einlagen abheben. Sie haben Angst, ihr Geld nicht wieder zu bekommen, wenn der Glaube besteht, dass die Bank ihre Bargeldbestände aufgebraucht hat und eine Unterdeckung besteht. Auch in diesem Fall wird es für jeden Anleger rational, der Herde zu folgen.

Wie diese Beispiele zeigen, hat die Verhaltensökonomie gemeinsame Schnittpunkte nicht nur mit der individuellen Psychologie, sondern auch mit der Sozialpsychologie, wobei es natürlich auch Ausnahmen gibt. Beispielsweise kann es dazu kommen, dass sehr viele Marktteilnehmer ein voreingenommenes Verhalten offen zur Schau stellen. Konkret ein Verhalten, das von vernünftigen Erwartungen abweicht. Dadurch wird dieses Verhalten am Markt oder in der Gesellschaft zur Norm und bekommt damit entsprechende Auswirkungen auf den Markt. Es gibt auch Untersuchungen, die belegen, dass sogar eine kleine aber bedeutende Gruppe (z. B. „Opinion-Leader") marktweite Auswirkungen hervorrufen kann.

Die ersten Protagonisten, die versucht haben die Erkenntnisse der Verhaltensökonomie in der klassischen Ökonomie einzubringen waren George Akerlof und Robert Shiller in ihrem Buch „Animal Spirits".

Beobachtungen in der realen Welt belegen eindeutig das Fehlen einer „Symmetrie" bei der Präferenzierung zwischen Chancen in der Zukunft versus sicheren Gewinnen in der Gegenwart.

Beobachtungen zeigen eindeutig ein Phänomen, das man auch als „Spatz-in-der-Hand-Paradox" (bird in the hand paradox) bezeichnet. Dieses erklärt, dass wir bereits erworbenen Profiten in der Gegenwart einen wesentlich höheren Wert beimessen, als den Chancen, weitere Profite in der Zukunft zu erwirtschaften.

Bei Börsen-Tradern ist beispielsweise belegbar das Verhalten zu beobachten, dass sie dazu tendieren, Verluste laufen zu lassen, anstatt diese Posten nach einer zuvor festgelegten Strategie (Stop/Loss) beim Erreichen eines bestimmten Wertes zu verkaufen. Im umgekehrten Fall werden dann aber Gewinne sofort realisiert – also die Wertpapiere schnell verkauft, anstatt Chancen zu nutzen, um In der Zukunft weitere und höhere Profite zu erwirtschaften. Dieses Verhalten/Entscheiden, das auch bei erfahrenen Finanzprofis zu beobachten ist, wird einerseits damit erklärt, dass der Mensch eigene gemachte Analysen und

Trades überbewertet (weil er seine Fähigkeiten überbewertet im Sinne: Es kann doch nicht sein, dass ich falsch gelegen bin – Ich habe doch die Situation ausführlich selber analysiert), und andererseits damit, dass er bereits erwirtschaftete kleinere Gewinne in der Gegenwart emotional höher bewertet, als mögliche, viel höhere Gewinne in der Zukunft.

Diese Tatsache, dass der Mensch generell dazu neigt, künftige Gewinne und Verluste erheblich weniger wertzuschätzen und kurzfristigen Konsum oder Freuden zu überschätzen lässt sich gut auch an folgenden Beispielen veranschaulichen:

> **Beispiel**
>
> Wird man vor die Wahl gestellt, zu 100 % 100 € zu verlieren oder zu 50 % 200 € zu verlieren, entscheidet sich die große Mehrheit für die zweite Option. Man hofft den Verlust zu vermeiden, auch wenn noch größere Verluste drohen. Wird man jedoch vor die Wahl gestellt zu 100 % 100 € zu gewinnen, oder zu 50 % 200 € zu gewinnen, dann entscheiden sich die meisten für die erste Option. Man möchte sicher den Gewinn einfahren und verzichtet dafür auch auf evtl. größere Gewinne.

Menschen hassen es zu verlieren und Verluste zu machen und vermeiden diese zu fast jedem Preis.

Beispiel

Man wird mit folgender Frage konfrontiert: Entweder einen Ablageschrank in der Garage bis zum nächsten Tag aufräumen, oder alternativ dazu endlich die ganze Garage in Ordnung bringen und sich dafür aber die Zeit beliebig aussuchen zu können. Wenn man sich für eine dieser beiden Alternativen frei entscheiden kann, wird man höchstwahrscheinlich die zweite Alternative wählen.

Experimente beweisen, dass die meisten Menschen das spätere Großreinemachen bevorzugen, auch wenn das anstrengender ist. Das Problem dabei ist aber, dass die meisten Menschen zwar den Großputz einplanen, diesen dann aber nie erledigen.

Dieses Verhalten konnten die Ökonomen Ted O'Donoghue und Matthew Rabin von der Cornell-Universität experimentell beweisen. Denn irgendetwas kommt immer dazwischen. Je mehr neue Optionen das Leben bietet, desto eher zögert der Mensch die lästige Entscheidung (in diesem Beispiel das Aufräumen) hinaus.

Diese Erkenntnisse lassen sich auf den Umgang mit Finanzen übertragen, vor allem wenn es um Sparen und Altersvorsorge geht. Denn die Tendenz zum Aufschieben ist ein systematischer Fehler, zu dem Menschen generell neigen. Das bestätigen auch psychologische Studien. Diese Neigung ist umso mehr vorhanden, je mehr es darum geht, komplexe Fragen zu entscheiden, die das Leben nicht unmittelbar ändern, sondern sich eher auf die Zukunft zielen. Beispielsweise wenn es um die Frage geht, welche Berufsunfähigkeitsversicherung auszuwählen ist, wenn man festgestellt hat, eine zu benötigen. Wenn dann dem Menschen etwas dazwischenkommt, das kurzfristigen Genuss verspricht, vertagt er das Unbequeme auf später – auch wenn dadurch Geld verloren geht.

Es hängt mit der Schwierigkeit zusammen, sich die Zukunft vorzustellen. Das haben Verhaltensökonomen herausgefunden. Ähnlich verhält es sich mit Zins und Zinseszins. Wie weiter vorne gezeigt, neigen Menschen dazu, künftige Gewinne und Verluste erheblich weniger wertzuschätzen und kurzfristigen Konsum zu überschätzen. Deshalb nennt auch die Verhaltensökonomik dieses Verhalten das Spatz-in-der-Hand-Paradox.

Männer und junge Menschen sind hiervon etwas häufiger betroffen als Frauen und ältere Menschen. Das haben zumindest Psychologen der Universität Stockholm herausgefunden.

Wie sehr jemand für das Verhalten des Aufschiebens anfällig ist, lässt sich relativ einfach beispielsweise anhand vom Einkaufsverhalten im Kaufhaus herausfinden: Wenn man nicht lange sucht, sondern lieber schnell nimmt, was „gut genug" ist, dann wird man zur Gruppe der sogenannten „Satisfizierer" eingeordnet. Diese Menschen ziehen nur bestimmte Daten für ihre Entscheidung heran. Sucht man dagegen stets nach dem Besten, nach noch mehr Informationen, so hängt man höchstwahrscheinlich dem „falschen Ideal des Maximierers" an. Solche Menschen, so zeigen die Studien, fühlen sich daher unsicher und gestresst, je mehr Möglichkeiten es gibt. Sie sind sich nie sicher, die richtige Entscheidung zu treffen oder getroffen zu haben – und haben vermutlich deshalb auch einen Hang zu Reue und Depression.

Der Verhaltensökonom Dan Ariely fand bei Beobachtungen an seinen Studenten heraus, dass ihre Hausarbeiten umso besser ausfallen, je strikter er Ihnen die Vorgaben
macht und ihnen weniger Spielraum bei den Abgabeterminen lässt.

Ariely folgert daraus, dass das beste Mittel gegen das Aufschieben Druck von außen ist. Das zweitbeste ist, dann die
Möglichkeit, sich selbst verbindlich für das Durchführen
und den Zeitpunkt zu committen.

Das Übertragen dieser Erkenntnisse auf das ökonomische
Verhalten der Menschen bedeutet konkret, dass man beispielsweise am meisten und am konsequentesten spart,
wenn man jeden Monat bereits mit dem Gehaltseingang
per Dauerauftrag einen Teil seines Geldes auf ein Sparkonto überweist. Studien der Universität Chicago fanden
zudem heraus, dass Menschen am meisten sparen, wenn
sie dazu „gezwungen" werden, etwa in der Form eines Pensionsplans oder einer betrieblichen Altersvorsorge. Noch
besser ist es, wenn man automatisch an solchen Programmen teilnimmt und sich explizit abmelden muss, wenn
man es nicht will. In der Ökonomie ist diese Erkenntnis
unter dem sogenannten Default-Paradoxon bekannt. Die
Verhaltensökonomie identifiziert durch solche Beobachtungen und Experimente bestimmte Marktanomalien und
lässt dann die wirtschaftlichen Entscheider unter der Maßgabe handeln, dass sie zum Teil willkürlich (heuristisch)
ihre Entscheidungen treffen oder absichtlich von Framing-
Effekten beeinflusst werden.

Die Entscheider verhalten sich also nicht, wie in der klassischen Ökonomietheorie angenommen, rational nach dem Homo-Oeconomicus-Muster, sondern unterliegen diesen hier beschriebenen Beeinflussungen und Verzerrungen. Dabei widerspricht die Theorie der Verhaltensökonomie grundsätzlich nicht der neoklassischen Theorie. Hier wird einzig die Annahme des vernünftigen wirtschaftlichen Handelns des Individuums angezweifelt.

3.4.1 Heuristik

Heuristik bezeichnet die menschliche Fähigkeit, mit begrenztem Wissen oder unvollständigen Informationen und wenig Zeit dennoch zu wahrscheinlichen Aussagen oder praktikablen Lösungen zu kommen. Es ist ein analytisches Vorgehen, bei der mithilfe mutmaßender Schlussfolgerungen Aussagen über das System getroffen werden. Die damit gefolgerten Lösungen können von der optimalen Lösung abweichen. Durch Vergleich mit einer optimalen Lösung kann somit die Qualität der Heuristik bestimmt werden.

Gängige und bekannte Heuristiken sind beispielsweise „Trial and Error", statistische Auswertung von Zufalls-Stichproben und das Ausschlussverfahren. Heuristische Verfahren basieren auf Erfahrungen, die der Mensch früher gemacht hat. Diese können aber auch auf „falschen" Erfahrungen oder auch auf sogenannten „verzerrten Wahrnehmungen" basieren. Im ökonomischen Kontext sind einige Theorien und neue Erkenntnisse diesbezüglich sehr interessant und durchaus auch für Nichtökonomen erwähnenswert:

• Prospekttheorie, oder auch bekannt als neue Erwartungstheorie

Die Prospect Theory wurde 1979 von Daniel Kahneman und Amos Tversky als eine psychologisch realistischere Alternative zu der in der Ökonomie bis dahin verwendeten Erwartungsnutzentheorie aufgestellt. Für diese neue Theorie erhielten die beiden Ökonomen im Jahr 2002 den Nobelpreis für Wirtschaftswissenschaften. Mit dieser Theorie kann man die tatsächliche Entscheidungsfindung in Situationen des Risikos beschreiben. Entscheidungsfindung in Situationen des Risikos sind Entscheidungen, in denen die Eintrittswahrscheinlichkeiten künftiger Umweltzustände bekannt sind. Die Theorie basiert auf empirischen Untersuchungen zum Entscheidungsverhalten in Lotterien wo die Alternativen bezüglich der Eintrittswahrscheinlichkeit und des zu gewinnenden Wertes unterschiedlich sind. Angewendet wird die Prospect Theory beispielsweise in der ökonomischen Entscheidungstheorie. Heute ist diese Theorie ein wesentlicher Bestandteil der Verhaltensökonomik.

Sie geht von der Annahme aus, dass das individuelle Risikoverhalten je nach eingeschätzter Sicherheit eines auftretenden Ereignisses variiert und der ökonomische Erwartungsnutzen von vielen Individuen nicht als Entscheidungsgrundlage genutzt wird. Die Akteure verhalten sich risikoavers. Sie bevorzugen bei positiven Ereignissen sichere Zahlungen gegenüber höheren, aber unsicheren Gewinnen. Bei negativen Ereignissen hingegen handeln Individuen sehr risikofreudig. Dann bevorzugen die Individuen gemäß der Prospect Theory einen unsicheren,

hohen Verlust gegenüber einem sicheren, aber geringe-
ren Verlust. Zusätzlich wirkt sich der sogenannte Endowment-Effekt (Abschn. 3.4.3) auf das Verhalten aus. Dieser
besagt, dass Individuen Dinge, die sich bereits in ihrem
Besitz befinden deutlich höher wertschätzen als Dinge, die
ihnen nicht gehören.

Diese Effekte widersprechen den wirtschaftswissen-
schaftlichen Theorien, welche von einem rationalen Menschen ausgehen, der auf der Grundlage von Informationen
seine Entscheidungen so trifft, dass die Kosten minimiert
und der Nutzen für ihn maximiert werden. Deshalb wird
der von der klassischen Ökonomie künstlich konstruierte
und rational handelnde Homo Oeconomicus von der Verhaltensökonomie abgelehnt. Auch wenn dieses Modell
nicht der Realität entspricht, so ist es aufgrund seiner Vereinfachung des in Wirklichkeit so komplexen Menschen-
bildes in der modernen Nationalökonomie einigermaßen
geeignet, um ökonomische Modelle und Theorien auszu-
arbeiten und Zusammenhänge logisch und verständlich
zu machen. Diese Komplexitätsreduktion der Modelle
ermöglicht die Vereinfachung der Realität auf einige
wenige Annahmen.

Genau das erlaubt der Homo Oeconomicus. Denn
wirkliche Menschen mit ihren irrationalen und unbere-
chenbaren Eigenschaften würden sonst keine verwertba-
ren Ergebnisse und Schlussfolgerungen erlauben. Wären
in diesen Modellen die Menschen irrational, dann wären
alle wirtschaftstheoretischen und wirtschaftspolitischen
Modelle nicht möglich. Alle Versuche, eine planvolle
Wirtschaftspolitik zu betreiben, wären obsolet. Aus diesem Grund wird in der klassischen Ökonomie der Mensch

als ein Roboter ohne Emotionen betrachtet. Die Prospect Theory modifiziert dieses nicht die Wirklichkeit realistisch beschreibende Modell durch ein neues Modell, in welchem die Rationalität der Realität angepasst wird. Durch sogenannte kognitive Verzerrungen (siehe unten) wird der Homo Oeconomicus menschlicher gemacht. Der große Vorteil gegenüber anderen Modellen ist die mathematsche Berechenbarkeit. Mit dieser kann man nachweisen, dass Menschen unwahrscheinliche Ergebnisse überbewerten und mittel- bis hochwahrscheinliche Ergebnisse unterbewerten. In Zahlen ausgedrückt bedeutet dies beispielsweise, dass die Steigerung eines Gewinns von 20 auf 40 auch die Steigerung der Wertschätzung von 20 auf 40 nach sich zieht.

Die Theorie basiert auf der Beobachtung und empirischen Überprüfung, dass das menschliche Verhalten bei Ungewissheit, Unsicherheit und Risiko durch sogenannte kognitive Verzerrungen oder Fehler beeinflusst wird. Es wurde belegt, und man kann dies tatsächlich wiederholbar experimentell nachweisen, dass Menschen stärker durch Verluste als durch Gewinne motiviert werden und dass sie mehr Energie in die Vermeidung von Verlusten als in die Erzielung von Gewinnen investieren. Eines der berühmten Experimente zu diesem Thema ist die Frage an die Probanden, ob sie vorziehen, heute 100,- zu bekommen, oder lieber morgen 101,- zu bekommen. Die Beantwortung ist klar mit über 70 % die, dass 100,- heute besser sei, als 101,- morgen. Obwohl ökonomisch gesehen die zweite Alternative einer Verzinsung von 365 % entspricht, tendieren über 70 % der Probanden zur Option 1. Noch erstaunlicher wird das Ergebnis beim erweiterten Versuch,

wo gefragt wird, ob die Probanden eine Option mit 100,-
heute in einem Jahr oder lieber eine andere mit 101,-
morgen in einem Jahr vorziehen. Obwohl logisch und
ökonomisch diese zweite, erweiterte Frage mit der ersten
identisch ist, fällt das Ergebnis anders aus. Hier entscheidet
sich die Mehrheit der Probanden lieber für die Option 2.

Tversky und Kahneman deckten in ihren bemerkens-
werten und wirklich interessanten psychologischen Experimenten vielfältige Wahrnehmungsverzerrungen und
Ursachen auf:

Die von Ihnen aufgestellte Prospect Theory besagt, dass,
ein absoluter Gewinn oder eine Gewinnsteigerung z. B.
von € 20 auf € 40 subjektiv höher bewertet wird, als eine
Gewinnsteigerung € 220 auf € 240. In beiden Fällen ist
die € 20, also gleich hoch. Trotzdem wird sie aber im ersten Fall höher bewertet.

Eine andere beobachtete ökonomische Irrationalität ist
die finanzielle Illusion. Menschen würden beispielsweise
niemals eine Milch im Geschäft kaufen, wo es fünf Euro
teurer ist als üblich und würden sogar einen langen Weg in
Kauf nehmen, um das Geschäft zu wechseln und zum normalen Preis eine Milch zu erwerben. Bei dem Kauf eines
Anzugs, der beispielsweise € 736,- kostet, würde niemand
das Geschäft wechseln und eine längere Anfahrt in Kauf
nehmen, um den gleichen Anzug für € 731,- also um fünf
Euro weniger zu bekommen. Der monetäre Unterschied
ist auch hier in den beiden Fällen genau gleich, trotzdem
fällt die Entscheidung gegensätzlich aus.

Das identische Verhalten lässt sich auch im Verlustbe-
reich beobachten. Dann wird nämlich beispielsweise ein
Verlust von € 50,- auf € 100,- als schlecht bewertet, steigt

der Verlust von € 200.000,- auf € 200.050,- macht diese Differenz jedoch keinen großen Unterschied mehr.

• Priming

Beim Priming werden Entscheidungen beeinflusst durch in der Vergangenheit gemachte und gespeicherte und meist unbewusste Erfahrungen, Erkenntnisse und Erwartungen. In der Psychologie bezeichnet der Begriff Priming die Beeinflussung der geistigen Verarbeitung des Menschen (Kognition) eines Reizes. Diese Beeinflussung erfolgt dadurch, dass ein vorangegangener Reiz bestimmte Gedächtnisinhalte aktiviert hat. Diese Aktivierung spezieller Assoziationen im Gedächtnis aufgrund von Vorerfahrungen mit den betreffenden Informationen geschieht in den meisten Fällen unbewusst. Solch ein Priming-Reiz kann ein Wort, ein Bild, ein Geruch, eine Geste oder Ähnliches sein. Der primende bzw. bahnende Reiz aktiviert die entsprechenden Gedächtnisinhalte, die dann bestimmen, wie schnell der nachfolgende Reiz verarbeitet wird. Sie bestimmen auch oder ob dieser Reiz korrekt erkannt wird beziehungsweise (bei uneindeutigen Reizen) auf welche Weise er interpretiert wird. Diese Gedächtnisinhalte beeinflussen auch wesentlich den Gemütszustand des Menschen sowie sein auf den Reiz folgendes Verhalten. Der Priming-Mechanismus beruht auf der Aktivierungsausbreitung von Assoziationen. Deshalb muss hier auch der Unterschied zum Framing-Effekt verdeutlicht werden: Der Framing-Effekt besagt, dass unterschiedliche Formulierungen einer Botschaft – bei gleichem Inhalt – das Verhalten des Empfängers unterschiedlich beeinflussen.

Wogegen beim Priming das Verhalten durch in der Vergangenheit gemachte Erfahrungen beeinflusst wird.

Es gibt viele unterschiedliche Varianten des allgemeinen Priming-Konzepts:

a) Positives versus negatives Priming.
   Wird die Verarbeitung des nachfolgenden Reizes beschleunigt, so spricht man von positivem Priming. Wird die Verarbeitung verzögert, so spricht man von negativem Priming.
   Diese Unterscheidung nach positiver bzw. negativer Wirkung lässt sich auf die anderen weiter unten genannten Priming-Arten auch übertragen.

b) Affektives Priming.
   Wird die Verarbeitung nachfolgender Reize beeinflusst, weil vom vorangegangenen, „primenden" Reiz Gefühlszustände aktiviert wurden, spricht man von affektivem Priming.

c) Semantisches Priming.
   Semantisches Priming geschieht über die Aktivierung von begrifflichen Assoziationen. Dies können zum Beispiel bestimmte Wortfelder sein.

d) Response Priming.
   Von Response Priming spricht man, wenn schnell aufeinander folgende Reize, jeweils mit motorischen Antwortalternativen verknüpft sind (z. B. Drücken bestimmter Knöpfe bei speziellen Signalen).

e) Medien-Priming.
   Die Medienwirkungsforschung bezeichnet Priming-Effekte, die im Kontext der Massenmedien bestimmte Verhaltens- oder Einstellungsänderungen erklären, als Medien-Priming. Hierzu können zahlreiche Beispiele

angeführt werden. In allen hier nachfolgend beschriebenen Experimenten wurden die Versuchsteilnehmer beeinflusst, ohne dass diese es bemerkten.

Beispiel aus der Wahrnehmungspsychologie:

Zeigt man Versuchspersonen sehr kurz das Bild eines Objektes (zum Beispiel einen Brotlaib, einen Briefkasten oder eine Trommel…), können sie in 40 % der Fälle dieses Objekt korrekt identifizieren. Sahen sie jedoch zuvor das Bild einer Küche, stieg die korrekte Identifizierung des Brotlaibes auf 80 %, jedoch nicht von den anderen Objekten, die nicht in ein Küchenbild passen.

Beispiele aus der Sozialpsychologie (Quelle: Wikipedia, Die freie Enzyklopädie. URL: https://de.wikipedia.org/wiki/Priming_(Psychologie) **(Abgerufen: 17. August 2017).**

Beispiel

- Hält man einen Bleistift mit den Zähnen (ähnlich wie bei einem Lächeln), findet man Comics lustiger, als wenn man ihn mit den vorgestülpten Lippen im Mund hält (ähnlich wie bei einem „schmollenden" Gesichtsausdruck).
- Auf das Thema „Geld" geprimte Menschen sind individualistischer als die Kontrollgruppe. Sie arbeiten länger an schwierigen Aufgaben, bevor sie um Hilfe bitten; sie sind weniger hilfsbereit und sie sind lieber allein.
- Auf das Thema „Altern" geprimte Menschen bewegen sich langsamer.
- Menschen, die sich fünf Minuten langsam bewegt haben, erkennen Wörter besser, die mit dem Thema „Altern" assoziiert werden.
- Wer sich an ein beschämendes Erlebnis erinnert, bekommt das Bedürfnis, sich zu waschen.
- Wird man auf das Thema „Angst vor dem Sterben" geprimt, ist man empfänglicher für autoritäre Ideen.

- Ein Experiment von Bargh und Pietromonaco ergab, dass Versuchspersonen eine ambivalente Aussage (zum Beispiel „Ein Vertreter klopfte, aber Donald ließ ihn nicht herein.") emotional als feindseliger bewerteten, wenn sie subliminal durch emotional feindselig gefärbte Begriffe (zum Beispiel „Beleidigung", „unfreundlich") geprimt wurden.
- Die Reihenfolge von Fragen bei Interviews oder auf Fragebögen kann das Ergebnis beeinflussen: Fritz Strack legte einer Gruppe von Versuchspersonen einen Fragebogen vor, in denen folgende Fragen vorkamen:

  - „Wie glücklich sind Sie zurzeit?"
  - „Wie viele Verabredungen hatten Sie im vergangenen Monat?"

Zwischen den Antworten auf diese Fragen gab es in dieser Fragereihenfolge (allgemein/spezifisch) keinerlei Zusammenhang. Einer anderen Gruppe legten sie denselben Fragebogen vor, in dem nur die Reihenfolge dieser beiden Fragen vertauscht war (spezifisch/allgemein). Jetzt gab es einen hohen Zusammenhang mit einem Korrelationskoeffizienten von 0,66.

- Ankerheuristik, oder auch bekannt als Anchoring Effect.

Der sogenannte Ankereffekt besagt, dass eine einmal kundgetane Meinung oder Aussage zur selbsterfüllenden Prophezeiung tendiert. Das ist auch denn der Fall, wenn die Aussage von einer Quelle stammt, die nicht besser informiert ist als man selbst.

Beispiele und Erklärung des Ankereffekts:

Der Begriff „Anchoring Effect" stammt aus der Kognitionspsychologie und ist bezeichnend für die Tatsache, dass Menschen bei bewusst gewählten Angaben (dies können beispielsweise Zahlenwerte, Größenangaben, Entfernungen, Preise usw. sein) von situativ vorhandenen Umgebungsinformationen beeinflusst werden. Dies ist der Fall ohne dass ihnen dieser Einfluss bewusst wird. Interessanterweise haben die Umgebungsinformationen auch dann einen Einfluss, wenn sie für die Entscheidung eigentlich irrelevant sind. Es handelt sich deshalb um einen Effekt, der häufig zu einer Urteilsheuristik führt. Denn das Urteil/ die Entscheidung orientiert sich unbewusst an einem willkürlichen „Anker". Die Folge davon ist dementsprechend eine systematische Verzerrung in Richtung des Ankers.

Dabei können Anker auf zwei verschiedene Weisen wirken:

1. Als unbewusste Suggestion: Der Anker aktiviert unbewusst zu ihm passende Assoziationen. Diese beeinflussen direkt im Anschluss die Urteilsfindung. Dies geschieht über den Mechanismus des Priming (siehe weiter vorne).
2. Der Anker liefert die Basis oder den (willkürlichen) Startwert für einen dann bewussten Gedankengang. Dieser soll zu einem rational begründeten Urteil führen. In diesem Fall spricht man entsprechend von Anpassungsheuristik.

Der Anker selbst wird definiert als eine bestimmte Information. Die Information kann der Betreffende selbst aus den Umständen oder seiner gegebenen Umgebung bilden oder sie kann von einer anderen Person stammen. Die Information kann aber auch rein zufällig vorhanden sein. Diese ist aber beim Einschätzen einer Situation und beim

Fällen einer Entscheidung ausschlaggebend. Dabei spielt es aber keine Rolle, ob diese Information für eine rationale Entscheidung tatsächlich wichtig oder nützlich ist.

In ihren Forschungen zeigten Tversky und Kahneman erstmals den Beweis, dass selbst ein willkürlich gesetzter Anker ein Individuum im Entscheidungsprozess beeinflusst. Wenn Anker sich trotz ihrer Irrelevanz auf die Entscheidung auswirken, dann spricht man vom „basic anchoring effect".

Beispiel

So erhielten in der ersten Studie zu Ankerung von Tversky und Kahneman die Probanden durch das Drehen eines Glücksrades eine Zufallszahl (zwischen 0 und 100) als numerischen „Anker". Danach sollten die Probanden schätzen, ob der Prozentsatz der afrikanischen UNO-Mitgliedsstaaten über oder unter dieser Zahl liegt. Danach sollten die Probanden einen exakten Schätzwert abgeben – also wie viel Prozent der afrikanischen Länder ihrer Meinung nach tatsächlich Mitglieder der Vereinten Nationen sind. Die Ergebnisse waren verblüffend: Denn die zuvor durch das Drehen des Glücksrades erhaltenen Anker beeinflussten signifikant die Schätzwerte. Der Mittelwert abgegebener Schätzungen von Personen, deren Glücksradzahl (=Anker) 65 war, lag bei 45 %. Personen, die einen Anker von 10 erhielten, schätzten den Anteil der afrikanischen UN-Mitgliedsländer auf durchschnittlich nur 25 %.

Diese Studie hat mit diesem Ergebnis gezeigt, dass bei Zahlenschätzungen eine zuvor übermittelte zufällige Zahl die Schätzung beeinflusst.

Beispiel

Ein weiteres Beispiel von Daniel Kahneman: Die Probanden sollten die letzten zwei Ziffern der eigenen Sozialversicherungsnummer auswendig lernen, und anschließend die Anzahl der Ärzte in New York schätzen. Bei diesem Experiment beträgt die Korrelation beider Zahlen etwa 0,4. Das ist weit mehr als es entsprechend dem Zufall sein müsste. An die erste Zahl nur zu denken, beeinflusst automatisch und unbewusst die zweite, und das obwohl es keine logische Verbindung zwischen diesen beiden Zahlen gibt.

Zahlreiche Studien und Experimente verdeutlichen, dass es sich beim Ankerungseffekt um ein sehr robustes Phänomen bei menschlichen Entscheidungsprozessen handelt. Diese können auch in den unterschiedlichsten Situationen auftreten.

Auch wie stark sich ein Anker auf die Entscheidung auswirkt, kann man folgendermaßen berechnen:

i) Die Probanden lassen sich überhaupt nicht von den Ankerzahlen beeinflussen. Es geben alle dieselbe Antwort (zum Beispiel den korrekten Wert) an. Dann ist der sogenannte Ankerindex 0 %.

ii) Die Probanden lassen sich vollkommen von den Ankerzahlen beeinflussen. Ihre Antworten sind mit den Ankerzahlen identisch. Dann ist der Ankerindex 100 %.

Beispiel Ankereffekt (Wikipedia, Die Freie Enzyklopädie. URL: https://de.wikipedia.org/wiki/Ankereffekt) **(Abgerufen: 17.August 2017).**

Beispiel

Die Probanden müssen angeben, wie hoch der höchste Riesenmammutbaum ist. Die Hälfte von ihnen, die 1200 ft. als Anker bekommen hatte, schätzte durchschnittlich 844 ft.; die andere Hälfte, deren Ankerzahl 180 ft. war, schätzte durchschnittlich 282 ft. Differenz der Schätzwerte: 562; Differenz der Ankerzahlen: 1020; Quotient: 0,55; Ankerindex: 55 %.

Beispiel

Die Probanden wurden gefragt, wie viel Geld sie zur Rettung von Seevögeln bei einer Ölpest spenden würden. Eine Gruppe erhielt die Ankerzahl 5 (verpackt in die Frage „Wären Sie bereit, US$ 5 zu geben?"); diese Gruppe wollte durchschnittlich US$ 20 geben. Eine andere Gruppe erhielt den Anker 400; diese Gruppe wollte durchschnittlich US$ 143 geben. Berechnung: (143 − 20) : (400 − 5) = 0,31 → Ankerindex 31 %.

Bemerkenswert ist, dass auch Experten dem Ankereffekt unterliegen:

In einer anderen Studie (von Northcraft und Neale von der University of Arizona) wurde untersucht, ob sich dieser Ankereffekt auf Versuchsteilnehmer, welche Experten auf dem jeweiligen zu untersuchenden Gebiet sind, schwächer auswirkt als auf Probanden, deren Wissen über das zu untersuchende Thema beschränkt ist.

Beispiel

Es wurden zwei Gruppen von Probanden gebildet. Sie sollten Immobilienpreise schätzen. Die eine Gruppe bestand aus Studenten, die andere Gruppe bestand aus Immobilienexperten. Den Teilnehmern beider Gruppen wurde eine zehnseitige Informationsbroschüre mit allen möglichen Daten und Fakten über die zu bewertende Immobilie ausgehändigt. Die darin angeführten Informationen enthielten alle Angaben über die zur Immobilienbewertung notwendigen Sachverhalte und waren für alle Versuchsteilnehmer identisch. Nur der angegebene Listenpreis unterschied sich. Bei diesem Experiment sollte in erster Linie überprüft werden, ob der Listenpreis die Schätzungen der Probanden über den Sachwert von Immobilien beeinflusst.

Die Ergebnisse dieser Studie belegten eindeutig, dass beide Gruppen, sowohl Fachfremde als auch die Experten, von den angegebenen Listenpreisen in ihren Entscheidungen sehr stark beeinflusst wurden.

Auch die Wissenschaftler Birte Englisch und Thomas Mussweiler konnten zeigen, dass sogar der Urteilsspruch von Richtern, die alle mehr als 15 Jahre Berufserfahrung hatten, sich sehr stark an der absolut willkürlichen Empfehlung eines Laien (beispielsweise Informatikstudent im ersten Semester) oder sogar an einer (mit gezinkten Würfeln ermittelten) Zufallszahl orientierte. Die Stärke des Ankereffektes beim Würfeln war 50 %.

Eine Erklärung hierfür lieferten Amos Tversky und Daniel Kahneman. Sie zeigten, dass als Ursache für den Ankereffekt eine unzureichende Korrektur des vom Anker beeinflussten Urteils angesehen werden kann.

Einige Jahre später haben Thomas Mussweiler und Fritz Strack in ihren Studien gezeigt, dass die Ankeraufgabe gerade solche Gedächtnisinhalte aktiviert, die zur Ankerzahl passen. Für nachfolgende Urteile und Entscheidungen werden diese dann leicht aus dem Gedächtnis abgerufen. Dieser Effekt ist auch unter der Bezeichnung „selektive Verfügbarkeit" bekannt. Wenn beispielsweise ein Richter das Strafmaß für einen Verbrecher festlegen muss, aktiviert eine hohe Ankerzahl Erinnerungen an strafverschärfende Einzelheiten der Tat, während eine niedrige Ankerzahl an strafmildernde Einzelheiten erinnert und dadurch die Urteile beeinflusst.

Auswirkungen des Effektes auf die Wirtschaft und Arbeit:

Der entscheidungsbeeinflussende Ankerungseffekt tritt in der Praxis besonders stark dann auf, wenn Entscheidungen im Zusammenhang mit numerischen Informationswerten getroffen werden müssen. Dies ist insbesondere bei wirtschaftlichen Bereichen der Fall. Hier sind sehr oft Entscheidungen an bestimmte Zahlenwerte gebunden.

So können Anker in Verhandlungssituationen eine wichtige Rolle spielen. Durch diesen Mechanismus kann beispielsweise die Abgabe eines ersten Angebots den entsprechenden Anker beim Verhandlungsgegner setzen. Mit diesem Anker hängt dann die subjektive Verlust- oder Gewinnsituation zusammen, von welcher dann der weitere Verhandlungsprozess beeinflusst wird.

Die Experimente haben gezeigt, dass Verhandlungspartner für sich vorteilhaftere Ergebnisse in Verhandlungen erzielt haben, wenn sie das erste Angebot aussprachen. Durch diese Erkenntnisse und Zusammenhänge ist es möglich, mit der Technik und dem Wissen um den Ankerungseffekt ganz gezielt auf Referenz- und Ankerpunkte bei Verhandlungen einzuwirken, und somit Verhandlungen zu eigenen Gunsten zu beeinflussen.

Sehr wichtig für die Wirtschaft im Zusammenhang mit der Ankerungstheorie sind sogenannte „suggestive Anker". Diese findet man überwiegend in Arbeitsaufträgen. Denn hier erzeugen diese Anker suggestive numerische Zielvorgaben. Und jede Zielvorgabe hat einen erheblichen Einfluss auf die Leistung und Motivation von Arbeitnehmern und Lieferanten.

Ein anderes Experiment macht die Auswirkungen von Ankerung im Geschäftsleben deutlich. Russo und Schoemaker ließen Experten Schätzungen über bestmögliche Zinssätze in sechs Monaten abgeben. Das Ergebnis war, dass auch sie dem Ankerungseffekt unterlagen. Dies macht sehr deutlich, welche Gefahren von Fehlprognosen und Fehlspekulationen auf wirtschaftlicher Ebene aufgrund des urteilsverzerrenden Ankerungseffekts entstehen können. Das alles steht im Widerspruch zu dem in der klassischen Ökonomie angenommenen Homo Oeconomicus.

Speziell dieses Phänomen der Ankerung und Anpassung stellt im ökonomischen Bereich der Kauf- und Verkaufsentscheidungen eine für die gesamte Wirtschaft relevante Entscheidungsverzerrung gegenüber der klassischen Theorie dar. Dies konnte mittlerweile in sehr vielen Studien belegt werden und die Existenz dieser Verzerrung wird mittlerweile auch voll anerkannt. Ganz gleich ob im Groß-, im Einzelhandel oder in der Immobilien- und Gebrauchtwagenbranche: Eine signifikante Ankerwirkung von numerischen Werten auf Kauf- und Verkaufspreise, oder auch verkaufte Mengen, kann nicht bestritten werden.

Auswirkungen des Effekts auf die Rechtsprechung
Der Einfluss der hier analysierten numerischen und kausalen Anker in Gerichtsverhandlungen und in Gerichtsverfahren ist ein weiterer praxisrelevanter Aspekt der Ankerung. Dies wurde durch Studien ebenfalls belegt (beispielsweise von Chapman und Bornstein). So dienen zum Beispiel eingeforderte Schadensersatzsummen als Anker, von dem aus die tatsächlich zu zahlende Summe bestimmt wird.

• Vermessenheitsverzerrung, oder auch bekannt als „Overconfidence Bias"

Als Selbstüberschätzung, oder manchmal auch als Vermessenheitsverzerrung, wird eine systematische Fehleinschätzung der eigenen Fähigkeiten, des eigenen Könnens und eigener Kompetenzen bezeichnet. Oft wird diese Selbstüberschätzung als Hybris oder im Englischen als Hubris bezeichnet. In der Psychologie, in der Medizinforschung und mittlerweile auch in der Organisationstheorie wie auch im Management werden zu diesem Thema immer neuere Erkenntnisse gesammelt und gewonnen. Die entscheidenden Impulse hierfür kamen aus der Verhaltensökonomie (Behavioral Economics), wo die Selbstüberschätzung (Overconfidence Bias) aufgrund von sehr starker und experimenteller Evidenz in vielen aufsehenerregenden Versuchen über die menschlichen Entscheidungsprozesse für Aufsehen und Interesse sorgte. Diese Experimente zeigen anschaulich und nachvollziehbar das Überschätzen der eigenen Fähigkeiten und des Mutes, das Überschätzen des eigenen Einflusses auf die Zukunft sowie sehr oft fantastische Vorstellungen über zukünftige Ereignisse, die für wahr und real gehalten werden.

Beispiel

Ein anschauliches Beispiel ist ein Experiment mit männlichen Probanden, die innerhalb der Gruppe angeben sollen, wie sie sich selber im Vergleich zu den anderen Anwesenden einschätzen. So lautet die Frage beispielsweise: Denken Sie, dass Sie ein besserer/schlechterer/genau dem Durchschnitt entsprechender Autofahrer sind als der Durchschnitt der anderen in Ihrer Gruppe? Nach dem Statistischen Gesetz muss in jeder Gruppe 50 % der Teilnehmer besser sein als der Durchschnitt und 50 % schlechter sein als der Durchschnitt. Die tatsächlichen Ergebnisse nach der Auswertung der Antworten zeigen jedoch, dass die Gruppen sich bis zu 80 % für besser einschätzen als der Durchschnitt.

Dieses Phänomen der Selbstüberschätzung wird in der Verhaltensökonomie und Psychologie in die Kategorie der kognitiven Verzerrungen eingeordnet. Dabei können wir drei Arten der Selbstüberschätzung unterscheiden bzw. beobachten:

1. Einschätzung der aktuellen Leistung
2. Einschätzung der Leistung relativ zur Leistung anderer Menschen
3. Einschätzung des eigenen Wissens (Exaktheit, Aktualität usw.)

Dabei ist Selbstüberschätzung keine generelle Persönlichkeitseigenschaft eines Menschen. Die Selbstüberschätzung ist meistens kontextabhängig. Das bedeutet, dass der Mensch in der Regel seine Fähigkeiten und Kenntnisse bei normalen täglichen und üblichen Aufgaben- wie beispielsweise Autofahren- überschätzt. Die Experimente von Muriel Niedere (Princeton University) und Lise Verterlund (Copenhagen Business School) zeigen auf dieser Basis folglich, dass Männer sich daher eher für konvexe Vergütungssysteme (z. B. kompetitive Wettbewerbs- oder Turniersysteme) entscheiden, wogegen Frauen sich eher für lineare Entlohnungssysteme (Stücklohn) entscheiden. Bei den durchgeführten Experimenten überschätzten beide Gruppen, also sowohl die Männer als auch die Frauen im Durchschnitt ihre Fähigkeiten und ihr Können. Im Vergleich aber überschätzen sich Männer in einem wesentlich höheren Maße als es die Frauen tun.

• Status-quo-Verzerrung

Um einen bestehenden bestimmten Zustand zu erhalten, gehen Menschen teilweise sehr hohe unverhältnismäßige Risiken ein. Interessanterweise gehen sie aber weitaus weniger Risiko ein, um den Status – oder die Situation in der sie sich befinden – zu ändern. Diese Tendenz zum Status quo (Status-quo-Verzerrung) ist eine kognitive Verzerrung. Sie bevorzugt überproportional den Status quo gegenüber einer Veränderung. Das bedeutet, dass Menschen im Allgemeinen die Dinge genauso haben möchten, wie sie sind. Veränderungen sind ihnen eher unangenehm. Diese Eigenschaft wurde bereits in vielen wissenschaftlichen Fachgebieten erforscht. Interessante Fachgebiete sind hier die Wirtschaftswissenschaft oder die Politikwissenschaft. Bekannte Experimentelle Untersuchungen und Arbeiten wurden durch die Wissenschaftler Daniel Kahneman, Richard Thaler und Jack Knetsch durchgeführt. Experimentell kann dieser Effekt wiederholbar belegt werden. Die Erklärung für Status-quo-Verzerrung ist eine Kombination der Verlustaversion des Menschen (Siehe Abschn. 3.4.1 = dieses Kapitel weiter vorne) und des Endowment-Effekts (Siehe Abschn. 3.4.3). Diese beiden Effekte sind in der Prospect Theory beinhaltet (siehe Abschn. 3.4.1 = dieses Kapitel weiter vorne).

- Default-Effekt

Ein weiteres sehr ähnliches Phänomen der Verzerrung der menschlichen Wahrnehmung (Bias) ist der Default-Effekt. Dieser hat zur Folge, dass das Individuum überproportional diejenige Option bevorzugt, bei der es keine aktive Entscheidung fällen muss. So akzeptiert es eher voreingestellte Optionen (Defaults), anstatt diese aktiv zu ändern.

- Nähe-Verzerrung

Der Mensch neigt generell dazu, Dinge, die ihm vertraut sind, eher wahrzunehmen. Sei es die Kenntnis einer bestimmten Disziplin, eines bekannten Problems, welches es zu lösen gibt oder auch im räumlichen Sinne; Dinge die ihm nah sind, stehen ihm in der Regel auch emotional „näher". Somit gibt es in seiner Wahrnehmung eine gewisse Verzerrung der Wahrnehmung in Richtung des ihm bekannten. Je weiter weg sich Optionen außerhalb seines bekannten Umfelds befinden, desto höher ist die Neigung diese zu ignorieren.

- Falsche Prioritäten

Es wird meistens unverhältnismäßig viel Zeit, Energie und Aufwand für kleine und unwichtige Dinge betrieben, während unverhältnismäßig wenig aufgewendet wird für wichtige, weitreichende und große Entscheidungen. Hier gibt es im menschlichen Verhalten eine deutliche Asymmetrie zu beobachten.

- Gewinn- und Verlust-Verzerrung (Ungleichgewicht)

Die Menschen fürchten Verlust verhältnismäßig mehr, als sie Gewinne schätzen. Eine Gehaltserhöhung von 100,- wiegt wesentlich weniger, als eine Gehaltskürzung von 100,-. Dies führt dazu, dass greifbare Vorteile nicht wahrgenommen werden, aus Angst vor einer unwahrscheinlichen, aber möglichen Chance des Versagens.

- Unangebrachtes Bedauern

Bedauern über einen bereits eingetretenen Verlust verändert die Situation nicht und bringt auch keine weiteren Vorteile ein. Trotzdem wird aber viel Zeit und Energie verwendet, um sich mit dem eingetretenen Verlust weiter zu beschäftigen.

- Sturheit

Ein nicht immer rationales Verhalten wird fortgesetzt oder begonnen, um aus inneren Beweggründen etwas zu tun, auch wenn dies gegen die Vernunft verstößt. Dieses Verhalten ist sowohl bei Kindern, bei Teenagern als auch bei

Erwachsenen zu beobachten und bedarf an dieser Stelle keiner Beispiele.

- Trugschluss des Spielers

Hier handelt es sich um offensichtliche Denkfehler, die darauf beruhen, dass bestimmte Ereignisse im Leben und Umfeld der Menschen dazu führen, dass durch eine zufällig wahrgenommene Häufigkeit dieser Ereignisse der Glaube entsteht, diese Ereignisse würden tatsächlich häufiger eintreten, obwohl sie dies statistisch nicht tun. Durch einen Fehlschluss wurde eine falsche statistische Häufigkeit angenommen und auf dieser Basis dementsprechend auch die falsche Entscheidung getroffen.

- Täuschung

Falsche Entscheidungen werden nicht gerne zugegeben, werden gerne schöngeredet oder es werden Argumente erfunden, um die falsche Entscheidung zu rechtfertigen. Hier gibt es eine starke Verbindung zur Sturheit (siehe oben).

- Manipulation

Abhängig von der Art und Weise, wie ein Sachverhalt bei absolut identischem Inhalt präsentiert wird, werden die daraus folgenden Entscheidungen ausfallen. Wird eine Präsentation mit Verlustangst angereichert, so fällt die daraus resultierende Entscheidung der Menschen wesentlich leichter als wenn der identische Sachverhalt mit einer Hoffnung auf Gewinn präsentiert wird. Auch Framing, Täuschung und Verlustangst sind oft Ursachen einer Manipulation.

• Vorahnungen

Durch die Einbildung, die Zukunft zu erahnen oder durch den Glauben an die eigene unfehlbare Intuition das richtige zu tun oder zu wissen, werden manchmal Entscheidungen beeinflusst.

• Selbstbestätigung

Um den eigenen Selbstwert zu steigern, werden die objektiven Tatsachen – die möglicherweise nicht gerne akzeptiert oder sogar nicht erwünscht sind – dahin gehend verzerrt, dass Entscheidungen präferiert werden, die dem Selbstwert dienen.

• Verlustaversion

Die Verlustaversion ist speziell bei Entscheidungen zu beobachten, bei welchen Objekte verloren gehen können, zu welchen man eine starke gefühlte Bindung aufgebaut hat – wie beispielsweise das eigene Haus, in dem man lange lebte und welches man womöglich auch selbst aufgebaut oder renoviert hatte. Diese vorliegenden Verlustängste scheinen auch zum Beispiel im Investorenverhalten vorzukommen und eine nicht zu unterschätzende Wirkung zu haben. Wenn ein Verkauf von Aktien oder anderen Wertpapieren zur Folge hat, dass ein nominaler Verlust realisiert wird (wenn also der Investor billiger verkaufen muss als er gekauft hat), so lässt sich häufig ein Unwillen beobachten, diese Transaktion durchzuführen auch wenn diese Transaktion wichtig ist, um weitere, noch höhere Verluste zu vermeiden. Dieser Effekt ist auch die Erklärung dafür, dass sich Preise auf dem

Immobilienmarkt bei schwacher Nachfrage nicht den Angebotspreisen so nähern, wie es in der Theorie sein müsste.

Unter einer Verlustaversion wird auch die Tatsache verstanden, dass der Mensch Verluste höher gewichtet als Gewinne. Beispielsweise ärgert man sich über den Verlust von 10 € mehr, als man sich über den Gewinn von 10 € freut. Eine wichtige Erkenntnis dieser Theorie ist, dass sich Individuen in Entscheidungssituationen irrational verhalten, wenn Unsicherheiten eine Rolle spielen. Dies verletzt die Annahme der neoklassischen ökonomischen Entscheidungstheorie, wonach der Homo Oeconomicus nutzenmaximierend und stets rational handelt. Daher müsste also eine erste Option, die die Wahrscheinlichkeit von 50 % Verlust eines Gutes beinhaltet, gegenüber der zweiten Option, die die Wahrscheinlichkeit von 50 % Gewinn desselben Gutes beinhaltet, absolut identisch bewertet werden. Aufgrund der menschlichen Verlustaversion wird jedoch die erste Option höher bewertet.

Das genaue Maß der Verlustaversion wurde durch zahlreiche sehr interessante Experimente des Wirtschaftswissenschaftlers Daniel Kahneman untersucht. Beispielsweise sollten Probanden angeben, was der niedrigste Gewinn wäre, den Sie brauchen, um eine 50-prozentige Wahrscheinlichkeit eines Verlusts von 100 US$ auszugleichen. Die häufigste Antwort lag bei 200 US$, also der doppelten Höhe des Verlusts. Die Verlustaversionsrate lag in mehreren Experimenten durchschnittlich zwischen 1,5 und 2,5.

Ein anderer US-amerikanischer Ökonom und Professor für Wirtschaftswissenschaften am California Institute of Technology, Colin F. Camerer, fand in den 1990er

Jahren einen weiteren wichtigen Beleg für Kahnemans und Tverskys Theorie der Verlustaversion. Er studierte das Verhalten von New Yorker Taxifahrern. Dabei stellte er fest, dass diese je nach Arbeitsaufkommen flexible Löhne hatten. Daraus resultierte für die Taxifahrer entsprechend auch ein schwankendes tägliches Einkommen. Nach der Annahme der klassischen ökonomischen Theorie und Homo Oeconomicus und somit eines nutzenmaximierenden Individuums, müssten daher die Fahrer an Tagen, an denen ein hohes Arbeitsaufkommen herrscht, lange arbeiten, um die Tage mit niedrigem Arbeitsaufkommen zu kompensieren. Es wurde jedoch ein anderes, irrationales Verhalten beobachtet: Die Taxifahrer setzen sich ein tägliches Umsatzziel, welches sie unabhängig vom Arbeitsaufkommen erreichen wollten. An Tagen, an denen kaum Arbeit vorhanden war, arbeiteten die Fahrer viel länger, um diese Summe zu erreichen. An guten Tagen, an denen viel zu tun war, arbeiteten sie kürzer.

Durch die Verlustaversion lassen sich viele andere verschiedene Phänomene erklären: So ist eines der bekanntesten Beispiele von Richard Thaler aus den 1980er Jahren der sogenannte „Besitztumseffekt". Nach diesem Effekt messen die Menschen Gütern, die sie besitzen einen höheren Wert zu, als Gütern, die sie nicht besitzen. Dies widerspricht der klassischen Ökonomietheorie und der Grundannahme des Homo oeconomicus. Kahneman, Kentsch und Thaler führten 1990 ein Experiment mit Tassen durch. Dieses Experiment wurde später auch mit anderen Gütern wiederholt, um zu beweisen, dass dieses Verhalten unabhängig von der Art des Guts vorliegt. Verglichen mit dem Referenzpunkt Status-quo, betrachtet die Verkäuferseite die Abgabe der Tasse als Verlust. Deshalb wird auch im Schnitt ein doppelt so hoher Preis für das Gut verlangt. Die Käuferseite hingegen sieht den Erwerb der Tasse als Gewinn an und bietet deshalb einen niedrigeren Preis.

Kahneman und Tversky nahmen in der Prospect Theory (siehe weiter oben) an, dass die Verlustaversion eine Ursache für die „sunk cost fallacy" (Trugschluss der versunkenen Kosten, siehe Abschn. 3.4.2) ist. Menschen berücksichtigen bei der Auswahl ihrer zukünftigen Entscheidungsalternative nicht nur zukünftige Kosten, sondern auch bereits angefallene Kosten, welche nicht mehr beeinflusst werden können. Auch dies stellt einen Widerspruch zum rationalen Nutzenmaximierer der neoklassischen Theorie dar.

Beispiel: Verlustaversion aus der Praxis beim Urlaubsanspruch in Deutschland und den USA (Wikipedia)

In Deutschland beträgt der gesetzliche Urlaubsanspruch 24 Tage, in Amerika hingegen nur 14 Tage. Die meisten Deutschen wären nicht bereit, auf ihren gesetzlichen Urlaubsanspruch zu verzichten, wenn sie dafür einen höheren Lohn bekommen würden. Amerikaner hingegen sind nicht bereit, weniger Geld zu verdienen, um mehr Urlaubstage zu bekommen. Für viele Deutsche ist die Anzahl der gesetzlichen Urlaubstage der „Status quo", daher wird die Aufgabe der Urlaubstage als Verlust angesehen. Bei den Amerikanern ist auch die Anzahl der gesetzlichen Urlaubstage der „Status quo". Mehr Urlaub würde für die Amerikaner einen Gewinn darstellen.

Beispiel: Verlustaversion aus der Praxis beim Aktienhandel (Wikipedia)

Im Aktienhandel gehört die Verlustaversion zu den wichtigsten Verhaltensmustern der Anleger. Diese tritt beispielsweise auf, wenn Anleger Wertpapiere, die sich im Minusbereich befinden nicht rechtzeitig verkaufen. Sie halten die Aktie in der Hoffnung, dass sich diese wieder erholt. Verlustaversion führt dazu, dass Anleger eine stärkere Tendenz haben, in sichere Anlagen zu investieren. Sie schrecken vor langen, profitablen Investitionen zurück.

3.4.2 Systematische Kognitionsprobleme

Diese Kategorie behandelt solche Kognitionsprobleme, die systematisch bedingt immer wieder auftreten und den realen Menschen in seinem Handeln signifikant vom in der klassischen ökonomischen Theorie konstruierten Homo Oeconomicus unterscheiden. Diese systematischen Kognitionsprobleme sind zum Beispiel:

* Mentale Buchführung

Mentale Buchführung ist eine bekannte Theorie über ein systematisches Kognitionsproblem. Diese Theorie findet sehr oft Anwendung in der Verhaltensökonomik. Sie besagt, dass Menschen ihre finanziellen Transaktionen in „mentale Konten" eingliedern. Je nach Konto werden dann die Transaktionen in einer unterschiedlichen Weise behandelt. Diese Theorie wurde durch den Chicagoer Professor Richard Thaler entwickelt.

Die fiktiv gebildeten Konten, die die Menschen unbewusst bilden, werden meistens nach unterschiedlichsten Gruppen und Clustern gebildet. Beispielsweise können solche Konten „Geschenke", „Ausgaben, die mit dem Urlaub in Verbindung stehen", „Börsengewinne" oder „Hobbys" sein. Durch diese Kontenbildung versucht man den Überblick über Einnahmen und Ausgaben zu behalten. Allerdings gibt es dabei das Problem der entscheidungsirrelevanten Kosten. Diese entscheidungsirrelevanten Kosten, wie beispielsweise „Sunk costs", dürfen nicht in die rationale Entscheidungsfindung eingerechnet werden. Denn die Sunk costs liegen in der Vergangenheit und können nicht mehr beeinflusst werden. Sunk costs sind Kosten, die bereits entstanden sind und nicht rückgängig gemacht werden können (beispielsweise durch einen Verkauf). Sie sind irreversibel und werden deshalb als „versunkene Kosten" bezeichnet. Die mentale Kontenbildung verhindert aber manchmal das Erkennen, dass es sich um solche Sunk costs handelt.

Thaler beschreibt ein sehr interessantes empirisches Experiment: In diesem gehen die Testpersonen ins Theater und die Karte kostet 10 US$. Im Experiment bekommen die Probanden nun gesagt, dass sie beim Anstehen im Theater ihre Karte verloren haben und eine neue Karte kaufen müssen. 56 % sind dazu im Experiment nicht bereit. Der Grund ist, dass die Probanden mental diese 10 US$ für die verloren gegangene Karte dem mentalen Konto „Kauf Theaterkarte" zuschlagen. Dann kostet die Karte 20 US$ und damit mehr, als den Probanden der Theaterbesuch wert ist. Eine andere Testgruppe der Probanden sollte an der Abendkasse für 10 US$ die Karte kaufen. Ihnen wurde

dann gesagt, dass sie die 10 US$ Bargeld für die Karte
verloren haben und die Karte jetzt anders bezahlen müssen. Hier entschieden sich 88 % zum Kauf der Karte und
12 % gegen den Kauf. Mental schlagen sie diese 10 US$
dem Konto „Verlust Bargeld" zu. Der mentale Preis für die
Eintrittskarte blieb für diese Gruppe somit bei 10 US$.

• Entscheidungsträgheit

Entscheidungsträgheit und das Verhaftetsein in alten Mustern: Neue verfügbare Informationen werden nicht, nur
teilweise oder nur sehr zögerlich zugeordnet. Wenn eine
Zuordnung erfolgt, dann oft falsch.

• Verlustaversion

Menschen bewerten gemäß der Prospect Theory (siehe
Abschn. 3.4.1) den möglichen Verlust von Geld deutlich höher als die Chance auf Gewinn. Diese Verlustaversion führt zu einer Tendenz zum Status quo (siehe
Abschn. 3.4.1).

Gewinne und Verluste werden außerdem auf unterschiedlichen mentalen Konten verbucht. Nur durch diese
unterschiedliche „Verbuchung" ist diese Verzerrung der
Wahrnehmung möglich.

Es fehlt die Möglichkeit, diese mentalen Konten miteinander zu „verrechnen". Verluste auf einem Konto werden
höher bewertet als Gewinne auf einem anderen. Eine Ver-
zerrung/Diskrepanz entsteht als Folge.

Rationale Entscheidungen bei voneinander abhängi-
gen Sachverhalten machen eine gemeinsame Betrachtung unerlässlich. Diese gemeinsame Betrachtung von

gemeinsamen oder miteinander im Zusammenhang stehenden Entscheidungen wird aber durch die Aufteilung in verschiedene mentale Konten verhindert.

3.4.3 Anomalien

- Endowment-Effekt

Der Endowment-Effekt ist eine Theorie, die in der Verhaltensökonomik häufige Anwendung findet. Sie zeigt, dass Menschen stark dazu tendieren, ein Gut wertvoller einzuschätzen, wenn sie dieses Gut besitzen. Diese Theorie wurde vom US-amerikanischen Ökonomen Richard Thaler aufgestellt, der dem Endowment-Effekt seinen Namen gab.

Durch den Endowment-Effekt wird gezeigt, dass die Zahlungsbereitschaft eines Menschen beim Kauf und die Bereitschaft zum Verkauf eines Menschen für ein und dasselbe Gut auseinanderfallen können. Damit widerspricht diese Hypothese der grundlegenden Annahme der neoklassischen ökonomischen Theorie, dass Menschen Entscheidungen aufgrund rationaler Präferenzen treffen. Vergleichbar ist mit dieser Theorie der sogenannte IKEA-Effekt (siehe Kap. 5). Dieser Effekt beweist den Zuwachs an Wertschätzung eines Individuums aufgrund von selbst entworfenen oder zumindest selbst zusammengebauten Gegenständen gegenüber solchen, die nur fertig gekauft (und nicht selbstgebaut) wurden und aus Massenproduktion stammen.

Bereits im Jahr 1980 wurde der Endowment-Effekt von Richard Thaler publiziert. Thaler interessierte sich bereits in seinem Studium Anfang der 1970er-Jahre für ökonomische Irrationalitäten im Verhalten seiner Mitmenschen. Ein sehr bekanntes und oft publiziertes Beispiel von einem seiner Professoren, einem Weinliebhaber, beschreibt er so:

> Mr. R bought a case of good wine in the late '50's for about $5 a bottle. A few years later his wine merchant offered to buy the wine back for $100 a bottle. He refused, although he has never paid more than $35 for a bottle of wine.

Unter der Annahme eines Homo Oeconomicus mit rationalen Präferenzen geht die klassische ökonomische Theorie davon aus, dass der Professor jeder Flasche genau einen exakt definierten Wert zumisst. Dieser Wert entspricht dem Nutzen, den die Flasche dem Professor stiftet. Dieser Nutzen bestimmt den Wert für einen Kauf (Bereitschaft zu zahlen) und gleichzeitig für einen Verkauf (Bereitschaft zu akzeptieren). Beide Werte wären demzufolge für einen Homo Oeconomicus identisch. Tatsächlich war aber in diesem Fall der Wert der Flasche für den Professor als Verkäufer mit über 100 US$ deutlich höher als in der Käuferrolle mit maximal 35 US$.

Aus dieser und vielen anderen ähnlichen Beobachtungen schloss Thaler, dass es sich bei diesem ungewöhnlichen Verhalten nicht um Zufall, sondern um einen genuinen Effekt handeln muss.

Thaler erkannte die Bedeutung der kurz zuvor von Daniel Kahneman und Amos Tversky veröffentlichten Prospect Theory für sein Thema. Nach der Prospect

Theory wird der Nutzen eines Vermögenszustands nicht nur durch den Vermögenszustand selbst, sondern auch in Relation zu einem Referenzpunkt, also zu dem Status quo, bestimmt. Eine weitere wichtige Annahme ist die Verlustaversion (siehe Abschn. 3.2 und 3.4.2). Zusammengefasst besagt die Theorie, dass Verschlechterungen im Vergleich zum Status quo als Verluste interpretiert werden und diese stärker gewichtet werden als korrespondierende Gewinne. Die Prospect Theory lieferte also Thaler eine logische Erklärung für das von ihm in der Realität beobachtete Verhalten. Hat der Professor eine Flasche Wein gekauft, so war dies für ihn ein Gewinn. Dieser Gewinn stiftete einen entsprechenden Nutzen. Dieser Nutzen bestimmt die Bereitschaft des Professors einen bestimmten Preis zu zahlen. Besaß der Professor die Flasche Wein jedoch, so hätte er den Verkauf als Verlust beziehungsweise Verschlechterung im Vergleich zum Status quo interpretiert. Diese Verschlechterung im Status quo entspricht einem negativen Nutzen. Der Betrag dieses negativen Nutzens ist jedoch größer als der Betrag des zuvor genannten Gewinnnutzens. Das Minimum an verlangter Entschädigung für den Verlust, also die Bereitschaft zu akzeptieren, liegt demnach über der maximalen Zahlungsbereitschaft für den Gewinn. Die von Thaler beobachtete Differenz zwischen der Bereitschaft zu zahlen (=Kauf der Flasche Wein) und der Bereitschaft zu akzeptieren (=Verkauf einer Flasche Wein) lässt sich erklären.

Weiter auch sehr bekannt ist ein Experiment mit Kaffeetassen, das Daniel Kahneman im Jahr 1990 durchführte.

Beispiel

Es wurden zwei Gruppen von Probanden gebildet. Die erste Gruppe (Verkäufer) bekamen Tassen und wurden befragt, welchen Preis zwischen US$ 9,25 und US$ 0,25 sie für einen Verkauf dieser Tassen fordern würden, wenn sie die Tasse verkaufen müssten. Die Probanden der zweiten Gruppe wurden gefragt, welchen Preis sie zahlen würden, um die Tasse zu erhalten. Der Preis der „Verkäufer" lag im Mittel bei US$ 7,12, während der Preis der „Käufer" bei US$ 2,87 lag.

Beispiel

In wieder einem anderen Experiment ging es um ein Ticket für ein Basketballspiel. Da die Universität und auch die Sporthalle der Universität sehr klein sind, ist es nicht möglich alle Interessenten mit Tickets zu versorgen und für viele Fans gibt es trotz langem Anstehen kein Ticket. Die Mitarbeiter von Dan Ariely und Ziv Carmon gaben sich in ihrem Experiment als Ticket-Schwarzhändler aus. Sie fragten Ticketbesitzer, für welchen Betrag sie ihr Ticket verkaufen würden. Im Durchschnitt wurden US$ 2400,- genannt. Die Studenten, die keine Tickets hatten, waren im Durchschnitt bereit, US$ 170,- für ein Ticket zu bezahlen.

Die Ticketbesitzer rechtfertigten die hohen Preise oft mit der Bedeutung des Spiels (z. B. dass sie sich damit ein wichtiges Erlebnis gönnten, von dem sie noch ihren Kindern erzählen könnten). Die befragten Personen ohne Ticket setzten die Geldbeträge eher in Relation zu anderen Geldbeträgen, wie zum Beispiel die Ausgaben beim Ausgehen oder Bier trinken.

Der Endowment-Effekt ist für viele Anwendungsgebiete wichtig. Die Kenntnis dieses Effekts hilft beispielsweise Verkäufern, den Marktwert ihrer Waren realistisch einzuschätzen. Beispielsweise kann ein unabhängiger Sachverständiger zu einer Immobilienbewertung herangezogen werden.

Auch bei der Erhebung von Steuern durch den Staat kann man mit der Kenntnis dieses Effekts Verbesserungen erzielen: Nach dem Besitztumseffekt ist (unter Konstanz aller anderen Faktoren) die Motivation zur Steuerhinterziehung höher, wenn die Steuern nachgezahlt werden müssen. Sie ist geringer, wenn der Steuerpflichtige eine Vorauszahlung geleistet hat und daher eine Rückzahlung erwarten kann.

- Easterlin-Paradox

Das Easterlin-Paradox ist eine Theorie über die Wechselwirkung zwischen Einkommen und Glück. Es wurde 1974 durch den Ökonomen Richard Easterlin in veröffentlicht.

Easterlin untersuchte insgesamt 30 Umfragen aus 19 Ländern aus der Zeit zwischen 1946 und 1970. Interessant für ihn war bei internationalen Vergleichen ein schwächerer Zusammenhang zwischen subjektivem Glück und Einkommen als es bei intranationalen Vergleichen der Fall war. Er stellte anhand einer Studie eindeutig fest, dass US-Amerikaner im untersuchten Zeitraum trotz Einkommenszuwächsen nicht glücklicher geworden sind. Als eine mögliche Erklärung nahm er an, dass relatives Einkommen ein besserer Indikator von subjektiver Zufriedenheit ist als absolutes Einkommen. Er wiederholte dann seine Studie in den folgenden Jahrzehnten mehrmals und kam immer wieder zum selben Ergebnis. Seine Interpretation dieser Ergebnisse lautet:

> Wenn grundlegende Bedürfnisse gestillt sind, führt mehr Reichtum nicht zu mehr Glück.

Der Ökonom Andrew Oswald veröffentlichte dann 1997 eine Analyse von Einkommen und Umfragen zu subjektiver Lebenszufriedenheit. Auch er stellte eindeutig fest, dass Zuwächse im Einkommen in den USA und Europa zwar die subjektive Lebenszufriedenheit steigerten, dabei aber nur einen sehr geringen Effekt haben.

• Ungleichheitsaversion

Als Ungleichheits- oder Unfairness-Aversion bezeichnet man die Tendenz der Wirtschaftssubjekte Fairness und Gleichheit innerhalb einer sozialen Struktur zu bevorzugen. Dieses Thema ist für viele Forschungsdisziplinen wie Soziologie, Ökonomie, Psychologie, Anthropologie und Ethologie interessant. Schon 1978 begann die Untersuchung der Ungleichheitsaversion. Damals durchgeführte Studien legten die Vermutung nahe, dass Menschen sowohl auf für sie selbst negative als auch für sie positive Ungleichheiten empfindlich reagieren und zu Kompensationsleistungen neigen, beim Erhalten von Belohnungen, die sie als unverdient empfinden.

Später durchgeführte Experimente zeigten, dass sich die Ungleichheitsaversion bei Menschen hauptsächlich in der Tendenz zeigt, den Erhalt einer ungerechten Belohnung durch eine andere Person zu verhindern und das sogar bei Inkaufnahme einer Verringerung der eigenen

Gewinnmöglichkeiten. Begründet wird dieses Verhalten dadurch, dass es die Erschaffung einer Umgebung ermöglicht, in der bilaterale Verhandlungen möglich sind. Ohne die Ablehnung und/oder Abstrafung einer ungerechten Verteilung wären für die Ökonomie wichtige stabile Kooperationen schwieriger zu erreichen.

Die Ungleichheitsaversion entspricht dem beobachteten Verhalten in Experimenten.

Beispiel

In einem dieser Experimente – Diktatorspiel genannt – erhält ein Proband reales Geld, welches er behalten und nach dem Experiment mitnehmen kann. Er hat jedoch die Möglichkeit, dieses Geld zu vermehren, indem er es, oder einen Teil davon, einem anderen für ihn unbekannten Teilnehmer sendet. Durch das Versenden wird der Betrag verdoppelt, allerdings entsteht dadurch auch für ihn das Risiko, dass der Empfänger es behält, nach Hause mitnimmt und nicht wieder zurückgibt. Damit entscheidet ein Teilnehmer, wie eine Belohnung zwischen ihm und dem anderen Teilnehmer aufgeteilt wird. Im Ergebnis entscheiden sich die Teilnehmer zu mehr als 50 % dafür, zumindest einen Teil des möglichen Gewinns abzugeben. Beim Ultimatumspiel wird das Diktatorspiel um die Regel erweitert, dass der empfangende Teilnehmer ein Veto einlegen kann. In diesem Fall erhalten dann beide Teilnehmer nichts. Empfangende Teilnehmer sprechen normalerweise bei niedriger Beteiligung am Gesamtgewinn ein Veto aus, bevorzugen es also, nichts statt wenig zu erhalten, um den anderen Teilnehmer von dem sie sich ungerecht behandelt fühlen, zu bestrafen. Durch ihr Veto erleidet die andere Seite auch einen Verlust, da sie auch nichts bekommt.

In der Praxis, beispielsweise bei Mitarbeiterumfragen, wird die Ungleichheitsaversion als wichtiger Faktor erkennbar. So vergleichen Angestellte ihr Gehalt und Leistung mit dem ihrer Mitarbeiter. Hat dann ein solcher Vergleich Schuldgefühle oder Neid zur Folge, kann die Mitarbeitermoral am Arbeitsplatz ernsten Schaden nehmen.

Gerechtigkeitsempfinden wurde sogar in Experimenten mit Kapuzineraffen getestet. Ihnen wurden Nahrungsmittel verschiedener „Wertigkeit" als Belohnung für bestimmte Tätigkeiten verteilt. Die Forscher Sarah Brosnan und Frans de Waal konnten nachweisen, dass die Tiere lieber nichts erhielten als eine als minderwertig angesehene Belohnung gegenüber der eines anderen Tiers. Brosnan beschrieb Ihre Interpretation der Ergebnisse wie folgt:

> It looks like this behaviour is evolved […] it is not simply a cultural construct. There's some good evolutionary reason why we don't like being treated unfairly.

Neuere Studien legen nahe, dass auch Hunde einen grundlegenden Sinn für Fairness haben können. Der in der klassischen Ökonomie agierende Homo Oeconomicus hat diesen Sinn selbstverständlich nicht. Seine Entscheidungen stehen also auch hier im Widerspruch zu denen in der realen Welt, welche durch die Experimente belegt werden.

- Geldillusion

Das Phänomen der Geldwertillusion beschreibt die Nichtwahrnehmung von Inflation durch die Menschen. Diese unterliegen also der Illusion, dass das Geld nach wie vor noch den gleichen Wert hat. Etwas abgeschwächt bezeichnet Geldwertillusion auch eine Unterschätzung des Risikos der Geldentwertung durch die Wirtschaftssubjekte. Diese sind jedoch durch Nachrichten, Statistiken sowie eigene Erfahrungen über Preissteigerungen informiert und damit handelt es sich bei der Geldwertillusion nur um ein temporäres Phänomen.

Die Geldwertillusion wird in der Quantitätstheorie vertreten. Diese besagt, dass es immer zu einer Anpassungszeit kommt, bis die Wirtschaftssubjekte die tatsächliche Inflation in ihr Handeln „einpreisen" (einkalkulieren/berücksichtigen). In dieser Anpassungszeit oder Zwischenzeit, in der die Geldillusion existiert, greifen die Instrumente der Zentralbank besonders gut. Ohne die Geldwertillusion wäre es einer Zentralbank beinahe unmöglich, durch eine Steigerung der Geldmenge die Wirtschaft anzukurbeln.

Von Geldillusion spricht man also dann, wenn bei gegebener Inflationsrate der Eindruck bei den Menschen entsteht, auf einmal über mehr liquide Mittel zu verfügen. Allein dieses Gefühl ist an dieser Stelle nicht so entscheidend. Viel interessanter ist die Beobachtung, dass im Zuge dieses Gefühls von „mehr Geld haben" tatsächlich auch eine Veränderung im Konsumverhalten und im Setzen von Präferenzen einhergeht. Eine Inflation von 10 % die zur Folge hat, dass auch Löhne und Gehälter um 10 % steigen hat tatsächlich eine Wohlstandsveränderung von 0 % zur Folge. Als diese wird es jedoch nicht wahrgenommen. Auch wenn die genaue Inflationsrate allen Beteiligten bekannt und bewusst ist, so findet diese Geldillusion innerhalb bestimmter Grenzen und bestimmter Zeit trotzdem statt. Die Wirtschaftssubjekte setzen dann solche Präferenzen und Entscheidungen – also sie benehmen sich so – als hätten sie tatsächlich mehr Geld zur Verfügung. Dieser Effekt hat nicht zu unterschätzende Folgen auf viele ökonomische Faktoren wie z. B. Konsumausgaben, Sparrate, Bildung von Rücklagen, Investitionen usw.

• Effizienzlohn

Unter einem Effizienzlohn wird ein Lohn verstanden, der oberhalb des Gleichgewichtsniveaus des Marktes liegt. Diesen Lohn bezahlt ein Arbeitgeber freiwillig, da er die besten Arbeitnehmer mit der höchsten Produktivität rekrutieren will, um so die Arbeitsproduktivität zu erhöhen, die Fluktuationskosten zu senken und die Arbeitsnormen zu erhöhen.

• Bauchgefühl

Auch dieses jedem Menschen bekannte Gefühl beeinflusst die Entscheidungen. Es ist wohl das extremste Gegenteil zu dem in der klassischen Ökonomie angenommenen rational denkenden und entscheidenden Menschen. Deshalb werden auch diese beiden Extreme als Kopfentscheidungen und Bauchentscheidungen genannt.

Literatur

Abraham M (1973) Psychologie des Seins. Ein Entwurf. Kindler, München
Akerlof George A, Robert S (2009) Animal Spirits. Human psychology drives the economy and why it matters for global capitalism, 1. Aufl. Campus, Campus (2. März 2009)

Bach M (2004) Jenseits des rationalen Handelns. Zur Soziologie Vilfredo Paretos. VS Verlag, Wiesbaden. ISBN 978-3-531-14220-8

Brosnan S, de Waal, Frans BM (2007) Monkeys Reject Unequal Pay. 23 Jul 2003. Nature 428(3) Dec 2007

Carl R (1973) Entwicklung der Persönlichkeit. Ernst Reinhardt, München

Camerer Colin F (1997) Taxi drivers and beauty contests. Eng Sci 60(1):10–19

Charlotte B, Allen M (1987) Einführung in die humanistische Psychologie. Ullstein, Berlin

Dan A (2012) The upside of irrationality. The unexpected benefits of defying logic at work and at home. Harper, München (Übersetzt von Gabriele Gockel und Maria Zybak)

Daniel K, Knetsch JL, Thaler RH (1991) Anomalies: the endowment effect, loss aversion, and status quo bias. J Econ Perspect 5(1):193–206

Edgeworth F (2003) Mathematical psychics and further papers on political economy, 7. Aufl. Oxford University Press, Oxford

Gregory N, Margaret N (1987) Organizational Behaviour and Human Decision Processes; Experts, Amateurs, and real estate: An Anchoring-and-adjustment Perspective on Property Pricing Decisions; Depatment; Department of Management and Policy, University of Arizona

Irving F (1935) 100% Money. Adelphi, New York

Jeremy B (1830) The rationale of reward. Robert Heward, London, S 206

Jerryy E (2005) Adam Smith's theory of moral sentiments: on morals and why they matter to a liberal society of free people and free markets. J Econ Perspect 109(3):109–130

Kahneman D (2011) Thinking, fast and slow. Allen Lane. darin, Stockholm, S 278–288 (Kapitel 26 Prospect Theory)

Kurt G (1934) Der Aufbau des Organismus. Einführung in die Biologie unter besonderer Berücksichtigung der Erfahrungen am kranken Menschen. Nijhoff, Den Haag, S 235 (fotomechanischer Nachdruck: Nijhoff, Den Haag 1963)

Kahneman D, Tversky A (1979) Prospect theory: an analysis of decision under risk. Econometrica 47(2):263–291

Maslow A (1943) A Theory of Human Motivation. Psychological Review 50(4):377–383

O'Donoghue T, Matthew R (1999) Doing it now or later. Am Econ Rev 89(1):103–124

Richard E (2001) Income and Happiness: Towards a Unified Theory. Econ J 111(473):465–484

Russo und Schoemaker (January 15th 1992) Managing overconfidence; MIT Sloan Management Review; Winter issue

Smith A (1761) Theory of moral sentiments, Bd. 2. Strand & Edinburgh: A. *Millar; A. Kincaid & J. Bell. Retrieved 26 May 2014.* Thaler Richard: "Mental accounting matters" (1999) J Behav Decis Making, 12(3):193 ff.

Thaler R (1980) Toward a positive theory of consumer choice. J Econ Behav Organ 1(1):39–60

Thomas M, Fritz S (1999) Comparing is believing: a selective accessibility model of judgmental anchoring. Eur Rev Soc Psychol 10:135–167

Vilfredo P (1955) Allgemeine Soziologie. übersetzt von Carl Brinkmann. Mohr, Tübingen

Wikipedia, Die freie Enzyklopädie. https://de.wikipedia.org/wiki/Priming_(Psychologie). Zugegriffen: 17. Aug. 2017

Wikipedia, Die freie Enzyklopädie. https://de.wikipedia.org/wiki/Ankereffekt. Zugegriffen: 17. Aug. 2017

Wikipedia, Die freie Enzyklopädie. https://de.wikipedia.org/wiki/Verlustaversion. Zugegriffen: 17. Aug. 2017

4

Was sind die Schwachstellen der ökonomischen Theorien, die immer wieder zu deren Versagen in der Praxis führen?

Das objektive Resultat aus den Beobachtungen ist die Erkenntnis, dass die Annahmen der Ökonomie über das Verhalten des Homo Oeconomicus und das Setzen seiner Präferenzen in der Realität in den meisten Fällen nicht zutreffen – diese Annahmen also falsch sind. Denn die Menschen – also die in der Wirtschaft agierenden Subjekte – sind nicht zweckrational, sind nicht im Vollbesitz aller Informationen, sind auch nicht ausschließlich nutzenmaximierend und ihr Verhalten ist sehr schwer änderbar und verändert sich deshalb wesentlich langsamer als der Markt. Sind die Annahmen in den zugrunde liegenden Modellen nicht zutreffend, so sind auch die aus diesen Modellen abgeleiteten Ergebnisse nicht zutreffend bzw. falsch. Unabhängig von der Eleganz und mathematischen Korrektheit bei der Berechnung dieser Modelle, sind damit also auch ihre Instrumente (Schlussfolgerungen und Ratschläge für die Praxis) unbrauchbar. Sind die Annahmen nicht richtig, kann das Ergebnis nicht richtig sein; auch dann nicht, wenn die Berechnung korrekt ist. Das ist ein Fakt. Dramatisch deutlich wird diese Tatsache regelmäßig immer dann, wenn Wirtschaftsprognosen, Vorhersagen der Wirtschaftsinstitute, Berechnungen von Risiken bei Banken, Versicherungen und Investmentgesellschaften in der Praxis vollkommen versagen und dadurch Vermögenswerte in der Wirtschaft und Gesellschaft zerstört werden, oder sogar ganze Krisen entstehen.

Dieses Versagen kommt oft genau durch den Umstand zustande, dass man von unrichtigen Annahmen über das Verhalten der Menschen in der Realität ausgeht. Die Theorie und das Modell geht beispielsweise davon aus, dass der Mensch, als rational denkendes Wesen seine Ersparnisse bei der Bank lässt, weil er einerseits Zinsen bekommt, das Geld dort sicher ist und er andererseits weiß, dass wenn alle ihr Geld bei der Bank abheben, die Bank zusammenbricht und eine ernsthafte Wirtschaftskrise entstehen kann. Basierend auf dieser Annahme, werden den Banken Vorgaben für eine entsprechende Geldreserve gemacht. Da jedoch die Annahme über das rationale Handeln des Menschen nicht richtig ist, holen die Menschen – z. B. aus Angst, dass ihre Guthaben bei der Bank evtl. verloren gehen könnten – ihr Geld ab. Die Geldreserve der Bank ist nicht ausreichend – weil falsch berechnet – und als Resultat wird die Bank zahlungsunfähig. Andere Institute folgen, da auf einmal auch ihre Kunden jetzt Angst um ihre Ersparnisse bekommen und damit beginnen, ihr Geld abzuheben. Die Krise ist vorprogrammiert.

Die Annahme des rational denkenden und rational immer zu seinem Vorteil entscheidenden Homo Oeconomicus, der zugleich alle Informationen hat und sein Verhalten zeitgleich mit den Schwankungen des Marktes verändert, muss daher ernsthaft hinterfragt werden. Denn die aus dieser Annahme abgeleiteten Schlussfolgerungen und aufgestellten Paradigmen und Modelle haben sich in der Realität der wirklichen Welt als nicht zutreffend herausgestellt. Dies belegen viele reale Ereignisse, wie z. B. unerwartete Marktversagen, zahlreiche Krisen, die niemand antizipiert oder prognostiziert hat, Zusammenbrüche von ganzen Märkten und Industrien, Länderkrisen, Finanzkrisen der Banken, Währungskrisen, Schuldenkrisen im makroökonomischen Maßstab, oder auch Ereignisse im kleinen Maßstab, wie z. B. falsch gesetzte Anreize, die Mitarbeitern und Managern in Unternehmen gewährt werden, um ein bestimmtes Verhalten oder bessere Leistung zu belohnen und die in Wirklichkeit unerwartet genau das Gegenteil des Gewünschten bewirken.

Was genau sind aber das Problem und die Ursache dafür, dass in der Realität Dinge anders laufen als es die Theorie beschreibt? Ein Modell soll im besten Fall die komplexe reale Welt auf eine reduzierte und übersichtliche Art und Weise abbilden und anschaulich machen. Wichtig bei dieser Reduzierung der Komplexität (=Modell) sind auch die Zusammenhänge und damit die Wechselwirkungen der verschiedenen Parameter bei Veränderungen eines oder mehrerer Faktoren des Modells. Diese Wechselwirkungen basieren beim sogenannten Homo Oeconomicus – von welchem man in der Ökonomie ausgeht – auf bestimmten gemachten Annahmen: Der Homo

Oeconomicus entscheidet sich zwingend bei gegebenen Rahmenbedingungen immer in einer ganz bestimmten vordefinierten Weise. Diese Annahmen sind zwar theoretisch richtig, weil sie strikt der Logik folgen. Sie unterstellen, dass er rational und mit genügend Umsicht und allen Informationen immer zu seiner Nutzenmaximierung handelt und dass er sein Verhalten zeitgleich zu allen Veränderungen des Markts anpasst. Das ist in der Realität jedoch überprüfbar falsch.

Es ist eine Tatsache, dass Menschen und ihre Verhaltensweisen nicht immer rational sind. In bestimmten Situationen – die real sogar sehr häufig vorkommen – handeln Menschen im hohen Maße irrational. Auch der Besitz aller Informationen zum Markt ist in der Realität nicht gegeben und ein uneigennütziges Handeln (z. B. in gemeinnützigen, karitativen oder kirchlichen Organisationen) ist gar nicht so selten. Diese Fakten führen zwangsläufig zu einer großen Diskrepanz zwischen den Annahmen des Verhaltens der ökonomischen Subjekte im Modell (mit den daraus abgeleiteten Vorhersagen, Berechnungen und Ergebnissen) und dem tatsächlichen Verhalten mit all seinen Folgen in der Realität. Diese Diskrepanz ist die Ursache für:

- Falsch eingeschätzte und berechnete Risiken auf Märkten, bei Krediten, bei Versicherungs- und Investmentgesellschaften, bei Banken oder beim Staat
- Falsch eingeschätzte und berechnete Preise, Kosten, Dividenden, Zinsen bei staatlichen und privaten Investments
- Fehlgesteuerte Geld- und/oder Fiskalpolitik der Regierungen und Nationalbanken
- Versagen/falscher Einsatz von Steuerungsinstrumenten der Zentralbanken

- Versagen bei geldpolitischen und fiskalpolitischen Fragestellungen
- Unrealistische Finanzierungsformen bei Großprojekten und Investments
- Kosten- und Zeitüberschreitungen bei Großprojekten
- Generelles Politikversagen, weil wirkliche Ursachen von Problemen nicht erkannt oder falsch eingeschätzt werden
- Folgen und Setzen von falschen Maßnahmen
- Gesellschaftliches Versagen, weil keine, oder falsche Anreize gesetzt werden
- Wirtschaftsversagen auf mikro- und makroökonomischer Ebene, weil von falschen Voraussetzungen ausgegangen wird und Prognosen fehlerhaft sind
- Fehlinvestitionen und Kapitalverluste in kleinem- und im großen Maßstab
- Auseinanderklaffen der gesellschaftlichen Schere aufgrund von falschen Entscheidungen
- Fehlentwicklungen in der Wirtschaft, Gesellschaft und bei Institutionen
- Soziale, gesellschaftliche und politische Spannungen
- Entstehung von „Parallelgesellschaften" mit eigenen Regeln.

Dabei muss betont werden, dass es sich nicht um Einzelfälle handelt. Ein nicht rationales, nutzenmaximierendes Verhalten von Menschen findet im großen Umfang in der realen Wirtschaft statt; eher ist es die Regel als die Ausnahme. Es lässt sich gut unter Laborbedingungen wie auch bei Feldexperimenten wiederholen, messen und analysieren.

5

Was muss modifiziert werden, um genauere Modelle zu bauen, die bessere Ergebnisse für die Praxis liefern?

Die alles entscheidende Ausgangsfrage in der ökonomischen Theorie ist die, was der Mensch tatsächlich in der Realität als erstrebenswert erachtet, was ihm Genugtuung, Antrieb und Glück bringt, wonach er strebt, er sich sehnt und wofür er steht und kämpft. Kurzum, welche sind in Wirklichkeit die wichtigsten Beweggründe, Präferenzen und Motive für sein Handeln und Entscheiden? Denn genau aus diesen Motiven resultieren die wahren und wirklichen Entscheidungen und die ergeben die echten und wirklichen Zusammenhänge und Bausteine, auf welchen die ökonomische Theorie in Wirklichkeit ruhen muss und aus welchen sie sich zusammensetzen sollte.

Genau diese Beweggründe und Präferenzen haben die bisherigen Theorien vollkommen außer Acht gelassen und sind

© Springer Fachmedien Wiesbaden GmbH 2018
V. von Holle, *Ökonomie 4.0*,
https://doi.org/10.1007/978-3-658-19110-8_5

stattdessen davon ausgegangen, dass der Mensch ein Homo Oeconomicus ist und immer nur gewinnmaximierend ökonomisch-vernünftig, rational und nur aus wirtschaftlichen und egoistischen Gesichtspunkten heraus logisch entscheidet und im Vollbesitz aller Informationen seine Präferenzen setzt. Er entscheidet nicht nach seinem Gefühl, sondern nach dem, was die Ökonomie als logisch-rational definiert.

Der Mensch strebt jedoch generell nach Glück und Glück lässt sich weder rational fassen, noch lässt es sich als eine mathematische Konstante betrachten. Es ist ein sehr komplexer und wissenschaftlich schwer zu berechenbarer Parameter, auch deshalb, weil Glück oder Genugtuung für jeden Menschen etwas Anderes sein kann.

Vieles spricht aber dafür, dass das Glück bzw. die Genugtuung des Menschen nicht davon abhängt, was er (messbar und objektiv) ABSOLUT hat oder besitzt, sondern viel mehr davon, was er einerseits

1. **RELATIV zu anderen Mitmenschen** (oder zu seinem Umfeld [=Peergroup]) besitzt (materiell wie auch immateriell) und andererseits was er
2. **RELATIV zu dem, was er in der Vergangenheit hatte oder kennt und gewohnt ist, jetzt und heute hat** (also relativ zu seiner Gewohnheit).

Diese Annahmen stützen und veranschaulichen sehr gut folgende Beispiele:

Beispiel 1

Man betrachtet zum gegenwärtigen Zeitpunkt zwei theoretisch absolut gleiche Personen. Die beiden sind blind. Gleiche soziale Stellung, gleiche Ausbildung, gleiches Alter, gleiche Gesundheit, gleiches Einkommen und Vermögen – einfach alle erdenklichen Parameter, die man sich bei einem Menschen vorstellen kann, sind bei diesen beiden Menschen absolut identisch. Nach der gängigen Meinung und Theorie, müssten diese beiden Menschen die gleichen Präferenzen haben und gleiche Entscheidungen unter den identischen Voraussetzungen treffen, weil sie gleich oder zumindest ähnlich denken und fühlen und in etwa das gleiche emotionale Level an Zufriedenheit und Glück bzw. Unglück empfinden müssten. Wenn man jedoch eine weitere Zusatzinformation hinzunimmt – nämlich die, dass der eine von Geburt an bereits blind war, der andere jedoch erst am Vortag erblindet ist, wird jedem auf einmal schlagartig klar, dass trotz der jetzt identischen Lage, Situation und Voraussetzungen der beiden Personen, die eine, die erst am Vortag erblindet ist, wesentlich unglücklicher ist als die andere Person, welche von Geburt an bereits blind war. Jemand, der blind geboren wurde, empfindet keinen Mangel oder keinen Verlust der Sehkraft. Der Zustand ist für ihn so normal, weil er niemals die Erfahrung des „Sehens" gemacht hatte, und diese Erfahrung also auch nicht kennt und somit nicht vermissen kann. Man kann nur das vermissen, was man kennt. Je besser man etwas kennt, oder je mehr es sogar zur Gewohnheit wurde und je näher es zeitlich präsent ist, umso mehr wird man es vermissen, wenn es auf einmal verloren ist.

Beispiel 2

Ein weiteres Beispiel hierfür ist der Vergleich zum jetzigen Zeitpunkt von zwei identischen Familien mit z. B. einem Kind. Beide Familien sind unter allen erdenklichen Parametern gleich. Somit müssten auch beide ähnlich zufrieden oder glücklich sein, die gleichen Präferenzen und Bedürfnisse haben und entsprechend ähnliche Entscheidungen treffen. Bei der Zusatzinformation jedoch, dass eine der beiden Familien am Tag zuvor z. B. drei Kinder hatte und bei einem Unfall zwei davon verloren hat, wird jedem sofort klar, dass trotz der objektiv gleichen Parameter dieser beiden Familien, das Maß der Zufriedenheit und des Glücks/Unglücks bestimmt sehr unterschiedlich sein muss.

Beispiel 3

Ein weiteres Beispiel hierfür ist der Vergleich (zum jetzigen Zeitpunkt) von zwei Personen mit einem bestimmten (kleinen) Vermögen von X. Auch hier sind alle erdenklichen Parameter dieser beiden Personen absolut identisch. Somit müssten auch diese beiden ähnlich zufrieden bzw. glücklich sein, die gleichen Präferenzen und Bedürfnisse haben und entsprechend ähnliche Entscheidungen treffen. Bei der Zusatzinformation jedoch, dass eine der beiden Personen am Tag zuvor ein riesiges Vermögen verloren hat, wird sofort verständlich, dass trotz der heute objektiv gleichen Parameter dieser beiden Personen, das Maß der Zufriedenheit und des Glücks/Unglücks bestimmt sehr unterschiedlich sein muss, und dementsprechend auch deren Entscheidungen sehr unterschiedlich ausfallen werden.

Es ist somit unstrittig, dass Menschen, auch bei absolut identischen Parametern (wirtschaftliche, soziale, gesundheitliche usw.), nicht ähnlich denken, nicht ähnlich fühlen, handeln und somit auch nicht annähernd ähnlich entscheiden oder Risiken eingehen – so wie die ökonomische Theorie es annimmt und voraussetzt (!).

》 Man kann also keine valide Theorie aufstellen, ohne die Umstände und Rahmenbedingungen zu berücksichtigen, die maßgeblich das Verhalten der Menschen (ökonomischen Subjekte) beeinflussen.

Solche Beispiele könnte man beliebig lange fortsetzen, denn es sind keine Ausnahmen, sondern die Regel. Was daraus folgt ist die Erkenntnis, dass

》 das Streben nach Glück und Zufriedenheit (und somit die Präferenz- und Entscheidungsfindung in allen Angelegenheiten [also auch in wirtschaftlichen]) maßgeblich durch einen „Vergleich" determiniert wird, zwischen dem,

- was der Mensch in der Vergangenheit hatte (oder erlebt hat) und dem,
- was er heute hat.

Und dieser Fakt wird in allen ökonomischen Theorien vollkommen außer Acht gelassen! Die Vergangenheit (und Umstände) wird nicht berücksichtigt und vollkommen ausgeblendet, obwohl sie die Gegenwart und somit auch die Zukunft maßgeblich beeinflusst.

Eine isolierte Betrachtung des rein quantitativen Status quo reicht für ein Model oder für eine differenzierte und valide Analyse nicht aus!

Die Konsequenz daraus ist klar und einfach zu verstehen: Wie kann z. B. ein Wirtschaftssubjekt Vertrauen in die monetäre Politik einer Zentralbank haben, wenn er zuvor bereits zum wiederholten Male sein gesamtes Geld/Vermögen durch Inflation oder Finanzkrisen verloren hat? Würde heute dieser Mensch streng rational ökonomisch so handeln, wie es die ökonomische Theorie beschreibt – in Bezug auf sein Geld und Investitionsverhalten? Würde er der Politik der Zentralbank glauben? Wohl eher nicht! Und somit würden dann auch die Instrumente der Geldpolitik versagen. Denn hier gibt es eine kausale Wechselwirkung. Und dann sind auch die Annahmen, Prognosen und Instrumente der Ökonomen und der Zentralbank fehlerhaft.

Der andere, oben erwähnte Punkt, den die bisherigen Ökonomietheorien nicht berücksichtigen, ist die Erkenntnis, dass das Glück und die Zufriedenheit des Menschen auch dadurch maßgeblich beeinflusst werden, was er **relativ zu seiner Peergroup (Mitmenschen) hat und nicht durch das, was er absolut besitzt.** Auch hierzu einige Beispiele:

Beispiel

In der Vergangenheit galt es beispielsweise als sehr exklusiv und luxuriös, einen eigenen Wagen zu besitzen. Fahrzeuge waren z. B. in den 20er Jahren noch sehr teuer und selten. Ähnlich verhält es sich mit Elektrizität in Wohnungen, Warmwasser in Bädern, Fernsehern in den 50ern oder Mobiltelefonen in den 80ern usw. Heute sind all diese Dinge normal und gehören zum Standard. Dies alles war aber in früheren Zeiten ein sehr großer Luxus und die Menschen, die diese Dinge ihr eigen nennen durften waren sehr stolz und konnten dies alles viel mehr schätzen, weil die große Mehrheit der Bevölkerung diese Dinge nicht besaß und weil es eben nicht zum Standard gehörte. Sie waren privilegiert, da sie relativ zu den anderen etwas haben konnten, was die Mehrheit nicht hatte. Diese Mehrheit, und das war bei Weitem die ganz große Mehrheit der Mitmenschen, konnte von diesem Luxus nur träumen, und wäre überglücklich gewesen, wenn sie auch in den Genuss dieser Dinge käme. Heute gehört das alles zur Normalität und niemand freut sich besonders darüber – vielmehr werden diese Dinge als selbstverständlich betrachtet, weil es eben jeder hat und es State-of-the-Art ist. Der Besitz dieser Güter unterscheidet den Besitzer heute nicht mehr vom Rest, während in früheren Zeiten sich nicht einmal Könige vorstellen konnten, fließendes Wasser oder sogar unbegrenzt Warmwasser im Bad zu haben. Somit lebt jeder heute objektiv gesehen luxuriöser und bequemer als ein König in früheren Zeiten, doch niemand empfindet dies als ein Glück, Luxus oder Privileg. Objektiv ist es da, es ist messbar und belegbar, subjektiv jedoch erzeugt es kein Begehren, Status oder Glück.

Was der Mensch nicht kennt, das kann er auch nicht begehren – also bereitet es ihm auch kein Unglück oder keinen spürbaren Mangel, wenn er es nicht hat. Alles was er kennt – oder was er sogar hatte (oder vielleicht auch bis vor kurzen gewohnt war zu haben, oder was seine Freunde haben) – bereitet ihm ein Mangelempfinden beim Verlust oder beim „Nichthaben". Somit macht Besitz per se nicht glücklich oder zufrieden, sondern bereitet im Gegenteil eher Sorgen und verursacht Verlustängste.

Diese wichtige Erkenntnis machte z. B. bereits vor Jahrhunderten die buddhistische Lehre und propagiert deshalb die Ablehnung aller materiellen Güter zur Steigerung vom persönlichen Glück! Und diese Lehre ist viel älter als alle ökonomischen Theorien! Ihre Richtigkeit lässt sich somit, wie hier gezeigt, auch ökonomisch erklären.

Extrapoliert auf die Zukunft, folgt aus diesen beiden beschriebenen Beobachtungen folgende Erkenntnis: Wenn es in der Zukunft theoretisch möglich wäre, dass alles in beliebigen Mengen zugänglich ist und dass jeder so viel konsumiert, wann und was er möchte, und alles was man sich heute nur vorstellen kann, besitzen würde, wäre auch dieser Zustand in der Zukunft zwangsläufig zur Normalität werden. Also zum normalen Zustand. Zum gewöhnlichem Standard. Niemand würde sich besonders darüber freuen, würde sich besonders dafür anstrengen es zu erreichen oder wäre darüber glücklich. Es wäre so eben normal und gewöhnlich und nichts Besonderes. Denn das ist immer dann der Fall, solange alle anderen (die Peergroup) das gleiche auch besitzen. Was aber wahrscheinlich entstehen würde, ist die Angst und Sorge darüber, das, was man hat – und das wäre in diesem Beispiel sehr viel (auch wenn man es als normal erachtet) – auch verlieren zu können.

Es ist sehr wichtig genau diesen Zusammenhang gut zu verstehen:

> **Das, was der Mensch nicht kennt und auch nicht hat, das kann er nicht vermissen** und das kann ihn somit auch nicht belasten, da er, was er nicht kennt, auch nicht als Mangel empfinden kann (Beispiel: Ein blind geborener Mensch, die Sehkraft).

> **Das, was er hat** (und woran er sich gewöhnt hat), **kann er verlieren** und es vermissen. Und selbst wenn er es als normal erachtet und er sich nicht darüber besonders freut oder es wertschätzt, so würde der Verlust einen Schmerz verursachen. **Vor Verlusten haben Menschen große Angst.** Diese ist mit seinem Besitz latent vorhanden und mit dem Umfang seines Besitzes kongruent (Beispiel: Plötzlich erblindeter Mensch, die Sehkraft).

Versteht man diese beiden Punkte und deren Zusammenhänge, dann belegen diese eindeutig und unmissverständlich die alte Volksweisheit, die besagt, dass

> **Besitz und Reichtum mehr Unglück als Glück bringen!**

Diese Erkenntnis steht im diametralen Widerspruch zur klassischen ökonomischen Theorie. Denn diese geht von Gütern zur Befriedigung der menschlichen Bedürfnisse aus und quantitativ kann eine größere Menge von Gütern immer eine größere Menge von Bedürfnissen befriedigen – trotz einer eventuell vorhandenen Sättigungsgrenze.

Glück und Zufriedenheit durch materiellen Wohlstand kann der Mensch demzufolge nur mit solchen Dingen erlangen, die andere in seiner Peergroup nicht besitzen und die ihn über den gängigen Peergroup-Standard hinaus, also durch den Vergleich mit den anderen (=Delta zur Peergroup), abhebt. Daraus ergibt sich die paradoxe Schlussfolgerung, dass mit einem wachsenden allgemeinen Wohlstand aller, die einzelnen Menschen nicht gleichzeitig zufriedener oder glücklicher werden können. Im Gegenteil sogar: Mit zunehmendem Wohlstand und „Luxus" aller, wächst die reelle Gefahr, Angst und auch die Möglichkeit, diesen Wohlstand auch verlieren zu können. Dies geht einher mit gesellschaftlichen Ängsten und Problemen bei der Sicherung dieses Status. Dieser Zusammenhang ist in den bisherigen allgemeinen ökonomischen Theorien überhaupt nicht berücksichtigt.

Ein Zugewinn an Zufriedenheit oder Glück kann, wie oben gezeigt, nicht absolut erzielt werden (also, wenn man in absoluten Zahlen und messbar insgesamt mehr Güter zur Verfügung hat), sondern nur in Relation zum Rest der Mitmenschen! Diese Erkenntnis ist gleichzeitig auch die Erklärung dafür, warum so viele Menschen in wohlhabenden Gesellschaften und Kulturen **nicht** glücklicher sind als in armen Kulturen und Gesellschaften – und warum sogar ein Ansteigen der Angst, Unzufriedenheit, Depressionen, Psychosen und oft sogar auch der Selbstmordraten mit steigenden Wohlstand einhergeht und messbar in der Realität beobachtet wird. Diese Fakten und Zusammenhänge werden in den ökonomischen Theorien auch nicht erklärt oder berücksichtigt, denn sie widersprechen der allgemeinen Theorie. Sie sind nicht mit der Grenznutzentheorie zu verwechseln, können durch diese jedoch auch nicht erklärt werden.

Es gilt weiterhin zu unterscheiden, zwischen einem

* **„mehr an Glück"**

versus

* **„weniger an Unglück".**

Denn das, was für jemanden Glück ist, kann für den anderen das größte Unglück sein. Beispiele dafür haben wir oben gesehen. Nur wenn also eine entsprechende Klarheit und Verständnis der jeweiligen Situation und Umstände vorliegt und die Realität berücksichtigt wird, kann man aus den verschiedenen einzelnen Fällen auf das Verhalten und die Präferenzen der übergeordneten Gruppe schließen. Es ist jedoch mehr eine Aufgabe für Psychologen und Verhaltensforscher, die die entsprechenden Grundlagen und Instrumente für die Ökonomie liefern müssten. An dieser Stelle besteht noch großer Bedarf und Raum für weitere interdisziplinäre Forschung.

Theoretisch konnte man eine Art „Glücksskala" für jedes Individuum errichten, auf der es immer bemüht ist weiter nach oben zu streben (Siehe Abb. 5.1). Dieses Streben kann als die angeborene Motivation des Lebens angesehen werden und jedes Individuum benötigt etwas Anderes, um sich auf dieser Skala zu verbessern. Deswegen sind manche Menschen wohltätig, andere handeln gewinnmaximierend und wieder andere versuchen sich in der Gesellschaft auszuzeichnen. Jeder erwartet durch seine Arbeit und Taten eine Verbesserung auf seiner ganz individuellen Glücksskala, die in der Abb. 5.1 dargestellt ist.

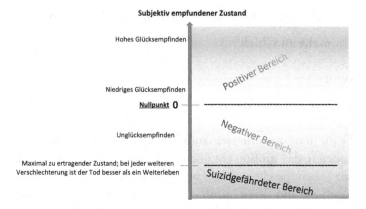

Abb. 5.1   Glücksskala der Gefühle. (Eigene Darstellung)

Man konnte mit diesem Gedankenkonstrukt so weit gehen, dass man sogar das Verhalten von suizidgefährdeten Personen damit erklären konnte: Befindet sich ein Individuum auf seiner persönlichen Glücks- oder Zufriedenheitsskala unterhalb eines bestimmten Punktes, und zwar unter dem Punkt bei dem ein Leben gerade den maximal zu ertragenden Zustand darstellt- also wo das Leben für ihn gerade noch lebenswert ist, so wird auch dieses Individuum motiviert sein, sich oder seinen Zustand dadurch zu verbessern, indem er sein Leben beendet. Aus der Sicht des Betroffenen tritt somit eine klare Verbesserung seiner Glückssituation ein: Diese Verbesserung entspricht genau dem Wert zwischen 0 und dem Punkt, an dem er sich **unterhalb** des für ihn maximal erträglichen Zustands gerade befindet. Je größer die Differenz zwischen dem Punkt an dem er sich befindet und dem Punkt des für ihn maximal erträglichen Zustands ist, desto höher ist die Motivation und die Wahrscheinlichkeit eines Suizids.

Darüber hinaus gibt es in der Realität noch weitere, irrationale Verhaltensweisen und Entscheidungsprozesse (=Setzen von Präferenzen), deren Gründe und Ursachen aber bei genauerer Analyse erklärt werden können. Auch diese Irrationalitäten sind bisher in der ökonomischen Theorie nicht berücksichtigt worden:

Ein gutes Beispiel für ein absolut irrationales menschliches Verhalten, welches in der realen Welt aber massenhaft vorkommt und in der ökonomischen Theorie keine Berücksichtigung findet, ist z. B. in Asien bei den Jugendlichen zu beobachten: Offenbar leiden immer mehr Kinder und Jugendliche an einem schiefen Gebiss (oder sind durch den zunehmenden Schönheitswahn innerhalb der Gesellschaft, immer schönere und geradere Zähne haben zu wollen, dazu innerlich gezwungen) und benötigen somit eine Zahnspange. Eine Zahnspange kostet jedoch mehr, als es sich viele Eltern – besonders in den ärmeren Ländern – leisten können. Das führt dazu, dass nur Kinder aus den wohlhabenderen Familien/Gesellschaftsschichten eine Zahnspange tragen, weil nur diese wohlhabenderen Eltern eine Zahnspange für ihre Kinder bezahlen können. Dies führte in diesen Ländern dazu, dass das Tragen einer Zahnspange – was per se eher etwas Negatives, weil unangenehm, weniger ästhetisch und umständlich (oder sogar schmerzhaft) ist – zu einem echten Statussymbol unter den Jugendlichen geworden ist. Jeder möchte dort heute eine Zahnspange haben, um damit angeben zu können. Dieser Umstand hat wiederum dazu geführt, dass sich viele Firmen und Anbieter gefunden haben, die gegen kleines Geld Drähte verbiegen und diese den Kindern als Attrappe im Mund einsetzen, damit diese so aussehen, als würden sie eine echte Zahnspange tragen. Hier handelt es sich jedoch um einen Zahnspangen-Fake, denn dieses Stück Draht hat keine andere Funktion außer der, dass man es sieht um eine Zahnspange zu imitieren. Sogar Kinder, die gerade Zähne haben und keine Zahnspange brauchen, lassen sich diese „Fakes" einsetzen, was gleich „doppelt irrational" ist. In Asien gibt es mittlerweile eine ganze Industrie, die von dem Geschäft mit den unechten Zahnspangen lebt.

Die gesellschaftliche Anerkennung des einzelnen Individuums ist augenscheinlich ein sehr starker Treiber vieler Verhaltensweisen und Aktionen, die man an unzähligen Beispielen in der ganzen Welt gut beobachten kann. So ist beispielsweise nach dem Erreichen hoher finanzieller Ziele und ökonomischer Erfolge in der realen Welt tatsächlich ein Verhalten zu beobachten, welches einerseits gegen das Prinzip zu verstoßen scheint, welches für den ökonomischen Erfolg des Subjekts verantwortlich war – und andererseits auch den Annahmen des Homo Oeconomicus diametral widerspricht – nämlich das egoistische Handeln. Es ist die Veränderung des Menschen, der einen bestimmten Punkt des Wohlstands überschritten hat, und damit beginnt sich vom Egoisten zum Altruisten zu entwickeln. Ganz gleich, ob man „self-made"- Milliardäre aus den USA, Drogenbarone aus Südamerika, reich gewordene Oligarchen in Russland oder zum Wohlstand gekommene „Unternehmer" aus Süd- und Osteuropa betrachtet. Die meisten dieser zum unermesslichen Reichtum gekommenen Menschen gründen gemeinnützige Organisationen, spenden große Summen für gute Zwecke oder engagieren sich für soziale Belange und eine bessere Welt. Sie wollen nicht als Geschäftemacher oder geldgierige Ehrgeizlinge durch andere Menschen angesehen werden. Durch ihr Tun erhoffen sie sich eine Veränderung ihrer Wahrnehmung durch andere Menschen und versuchen, eine Anerkennung innerhalb der Gesellschaft zu erreichen. Diese ist ihnen nun wichtiger als weitere Steigerung des materiellen Wohlstands. Eine schlüssige Erklärung für diesen Wechsel vom „Streben nach Geld zum Streben nach Ansehen" könnte sein, dass das Bedürfnis nach gesellschaftlicher Anerkennung und Wertschätzung durch andere Menschen generell auf der Skala der menschlichen Bedürfnisse höher angesiedelt ist als der materielle Wohlstand.

>> Somit wäre hier durchaus die Schlussfolgerung naheliegend, dass es sich bei dieser Verhaltensweise nicht unbedingt um den guten Wohltäter per se handelt, der auf eigenes verzichtet um anderen zu helfen. Es wäre auch möglich, dass den Menschen ein angeborenes Verlangen nach Anerkennung innerhalb der Gruppe innewohnt, welches jedoch erst befriedigt werden will, nachdem andere niedrigere Bedürfnisse, wie z. B. finanzielle Absicherung, gestillt sind.

Wäre dem so, dann müsste auch dieses „altruistische" Handeln als die Befriedigung der eigenen egoistischen Ziele angesehen werden.

Der (scheinbare) Altruismus wäre nur Mittel zum Zweck (Befriedigung der eigenen Eitelkeit), um Anerkennung durch andere zu gewinnen, weil die gesellschaftliche Anerkennung und Akzeptanz als höheres Gut gilt. Daher ist zu beobachten, dass Individuen immer wieder erst Vermögen machen und sich danach zu Wohltätern verwandeln und weniger den umgekehrten Weg gehen, dass ein sozial engagierter Wohltäter seinen Altruismus einstellt und zum rationalen und egoistisch handelnden Menschen wird.

Die Gesellschaft, in der das Individuum lebt – also seine Gemeinschaft – spielt anscheinend in der Hierarchie seiner Präferenzen und demzufolge bei seinen Motivationen und seinem Antrieb eine nicht zu unterschätzende Rolle.

Diese Frage ist nicht nur für Sozialwissenschaftler und Psychologen von größter Bedeutung, sondern durchaus auch für Ökonomen. Eine endgültige Antwort auf diese Frage gibt es derzeit noch nicht, auch wenn viele Wissenschaftler sehr viele Experimente durchführen, um hier der Lösung näher zu kommen. Weil diese Antwort aus vielerlei Gründen speziell in der heutigen Zeit von größter Wichtigkeit ist, werden hier einige Gedankenanstöße präsentiert, welche bei der Analyse Indizien geben, ob und wenn ja, wie, die Gesellschaft das einzelne Individuum prägt, das in ihr aufwächst und lebt.

Ein unstrittiger Fakt ist, dass kein neu geborenes Kind als Terrorist, Mörder oder Verbrecher auf die Welt kommt.

Der Mensch ist bei seiner Geburt unschuldig und fängt an sich körperlich, geistig und emotional zu entwickeln. Nach der Geburt. Fakt ist auch, dass es natürlich verschiedene Veranlagungen und Dispositionen bei den Menschen schon bei der Geburt gibt. Die genaue Aufteilung dessen, was beim Menschen angeboren und was angelernt ist, lässt sich nur sehr schwer nachweisen, da man nicht eine Beobachtung unter geänderten Voraussetzungen und anderen Rahmenbedingungen einfach wiederholen kann. Aus diesem Grund ist es notwendig, sich dem Problem und seiner Lösung aus einer anderen Perspektive zu nähern.

Fragen

Wird das Individuum aber auch durch die Gesellschaft, in der es lebt, geprägt? Und wenn ja, wie?

Möglicherweise lässt sich der Antwort auf diese Frage mit folgender Gedankenkonstruktion näherkommen:

Man stelle sich beispielsweise vor, wie Menschen physiognomisch beschaffen sind: Alle haben zwei Arme, zwei Beine, zwei Augen, zwei Ohren eine Nase, zehn Finger... usw. Das alles wurde von der Natur und durch die Evolution so eingerichtet, dass es genauso wie es ist, ziemlich gut funktioniert. Natürlich gibt es gewisse kleine Unterschiede bei den Menschen in ihrer Größe, Geschicklichkeit usw., diese sind aber im Großen und Ganzen vernachlässigbar. Für alle Menschen auf der ganzen Welt ist dieser Zustand so natürlich und niemand käme ernsthaft auf die Idee ihn zu ändern.

Nun kommt es leider immer wieder mal zu einer Ausnahme und es wird bedingt durch eine Krankheit oder Gendefekt ein Kind geboren, welches zum Beispiel blind ist, nur einen- oder keinen Arm hat oder durch eine sonstige Behinderung gekennzeichnet ist. Selbstverständlich wird dies auch als eine Behinderung angesehen, weil ein Mensch ohne Beine nicht laufen kann, und einer ohne Augen nicht sehen kann. Eine Behinderung bedeutet in diesem Zusammenhang, dass dieser Mensch nicht das gleiche „leisten" kann wie ein Mensch ohne die jeweilige Behinderung. Dieser Mensch ist anders als die übrigen Menschen. An diesem Punkt muss man sich aber aus der Logik und Vollständigkeit heraus auch die fiktive Frage stellen, was geschehen würde, wenn beispielsweise durch irgendeinen Umstand Menschen geboren würden, die drei voll funktionsfähige Arme, zwanzig Finger an der Hand oder drei Augen hätten und dadurch **nicht** als behindert – also als weniger leistungsfähig – sondern durch ihre Andersartigkeit viel leistungsfähiger wären als der „normale" Mensch. Es ist vorstellbar, dass sie mit ihren drei Armen wesentlich geschickter und mehr durchführen könnten als zweiarmige Menschen. Diese können wiederum mehr als einarmige. Mit zwanzig Fingern könnte man möglicherweise Musikinstrumente in einer ganz anderen Dimension spielen als es normal üblich ist und mit drei Augen hätte man ein viel besseres räumliches Sehen als es alle zweiäugigen haben. Somit dürfte man streng genommen bei diesen Ausnahmen nicht von einer Behinderung sprechen, sondern objektiv betrachtet eher von einer Art „Verbesserung".

Aus unserer jetzigen Sicht und gemachten Beobachtungen und Erfahrungen betrachten wir Menschen mit weniger Armen oder Beinen oder blinde als behindert. Und das obwohl die, die so schon auf die Welt kamen ihre Behinderung gar nicht als solche wahrnehmen, weil sie diese nicht wahrnehmen können. Sie kennen keinen anderen Zustand, den sie als Referenz zu ihrem Zustand zum Vergleich heranziehen könnten. Somit leben sie für sich ein ganz normales Leben, kommen gut zurecht und empfinden keinen Mangel. Genauso wie alle „normalen" Menschen – oder besser ausgedrückt alle in unseren Augen nicht behinderten – auch.

Die erste entscheidende Frage bei diesem Beispiel ist nun,

Fragen

Was wäre, wenn die meisten Menschen weltweit drei Arme hätten und ich selber hätte nur zwei?

Wenn es seit der Geburt so wäre, so würde ich wohl auch physisch keinen Mangel oder Behinderung empfinden, denn es ist ganz gut so und ich komme damit prima zurecht. Wäre ich jedoch mit drei Armen geboren worden und hätte später bei einem Unfall einen Arm verloren, dann würde ich mir höchstwahrscheinlich behindert vorkommen und diesen Mangel ganz deutlich spüren. Genauso wie es in der Realität der Fall ist, bei Menschen mit einem Arm, Bein, Auge…usw. Objektiv gesehen ist ein „Mehr an Funktionalität" besser.

Die zweite entscheidende Frage bei diesem Beispiel ist nun:

Fragen

Was ist für den jeweiligen Menschen SUBJEKTIV besser? Was ist für ihn erstrebenswert und womit ist er glücklich und zufrieden? Funktionalität oder Konformismus?

Versucht man in diese Fiktion gedanklich einzutauchen, dann wird man wohl feststellen müssen, dass alle Menschen, die unfallbedingt eine Behinderung erlitten hatten, diese Behinderung, wenn sie es nur könnten, lieber nicht hätten. Sie wären am liebsten so, wie sie früher waren und wie alle anderen „normalen" Menschen eben sind.

Die dritte entscheidende Frage bei diesem Beispiel ist nun:

Fragen

Wenn es in der Realität die Möglichkeit gäbe, eine Modifikation eines normalen gesunden Körpers in der Art und Weise zu vollbringen, dass ein zusätzlicher Arm, Bein, Auge...usw. „angebracht wird" und damit die Leistungsfähigkeit dieses Menschen durch diese Modifikation deutlich verbessert wäre, wären dann solche Modifikationen gewünscht und begehrt?

Objektiv gesehen würde es sich dabei eindeutig um eine Verbesserung handeln. Versetzt man sich gedanklich in diese Situation, werden die meisten zu dem Schluss kommen, dass man dies nicht machen würde und nicht sein ganzes Leben mit drei Armen oder drei Augen herumlaufen möchte, auch wenn dies objektiv gesehen eine Verbesserung des eigenen Körpers wäre.

Die vierte entscheidende Frage bei diesem Beispiel ist nun:

Fragen

Warum ist es so und was ist die Ursache für diese Entscheidung?

Folgt man der Logik und realen Beobachtungen und Erfahrungen, so liegt der Schluss sehr nahe, dass man sich von seinen Mitmenschen, von seinem Umfeld und somit von der Gesellschaft nicht zu sehr unterscheiden möchte. Der Mensch ist ein „Herdentier" und möchte der Herde angehören und nicht allzu sehr aus dem gängigen Muster und Rahmen fallen. Das, was die Gesellschaft als **Norm** vorgibt oder ansieht, ist für den durchschnittlichen Menschen auch wichtig, gut und ausschlaggebend. Genau diese Norm ist der Grund dafür, dass – selbst wenn es die Möglichkeit gäbe – wahrscheinlich niemand mit zwanzig Fingern an den Händen herumlaufen möchte, nur, weil er dann besser Klavier spielen würde oder ein besserer Handwerker wäre.

Die fünfte entscheidende Frage bei diesem Beispiel ist nun:

Fragen

Wäre der Wunsch gegeben, bei Menschen die beispielsweise drei Arme hätten, aber in einer Gesellschaft mit zweiarmigen Menschen leben würden, sich den dritten

Arm amputieren zu lassen, nur um sich der gesellschaftlichen Norm anzupassen?
   Analog dazu:
   Wäre der Wunsch gegeben, bei Menschen die beispielsweise zwei Arme haben, aber in einer Gesellschaft mit
einarmigen Menschen leben würden, sich einen Arm amputieren zu lassen, nur um sich der gesellschaftlichen Norm
anzupassen?

In beiden Fällen würde man objektiv seine Leistungsfähigkeit mindern. In beiden Fällen würde man objektiv eine
Behinderung produzieren.

In beiden Fällen liegt die Vermutung sehr nahe, dass
der Wunsch höchstwahrscheinlich existieren würde und
dass sich die Menschen diese „Behinderung" antun würden. Rein aus dem Verlangen heraus, der gesellschaftlichen Norm möglichst zu entsprechen und nicht aus
dieser herauszufallen. Dies ist freilich nur eine aufgestellte
Hypothese. Diese ist jedoch durch die Logik und Lebens-
erfahrung hinreichend gut begründet. Der Homo Oeconomicus hätte diesen Wunsch nicht, denn er handelt ja
rational und nutzenmaximierend. Der normale Mensch
jedoch ist durch die Gesellschaft, in der er lebt so stark
geprägt, dass er fast alles tun würde, um die Normen, die
die Gesellschaft ihm vorgibt zu erfüllen.

Nun könnte der Einwand kommen, dass solche Gedan-
kenexperimente ziemlich weltfremd sind und auf Spekula-
tionen beruhen. Die Anwendbarkeit für die reale Welt sei
nicht gegeben. Doch leider ist es nicht der Fall und leider geschieht in der Welt genau das, was hier beschrieben
wurde. In einer zwar schwächeren Form (es handelt sich
nicht um Körpergliedmaßen), doch für die Betroffenen ist

es eine Verstümmelung ihres Körpers, die allein auf Normen zurückzuführen ist, welche in der Gesellschaft herrschen, in der diese Menschen leben. Meistens handelt es sich zudem noch um Kinder! Konkret handelt es sich dabei um Rituale der Beschneidung. Von Buben und von Mädchen. In beiden Fällen handelt es sich um sinnlose Verstümmelungen des menschlichen Körpers – denn es wird anatomisch nichts verbessert, sondern nur zerstört und funktionell verschlechtert. Alle diese Bräuche sind sozialgesellschaftlich bzw. religiös begründet. Sie basieren also auf vorgegebenen Normen, die zu erfüllen sind. Diese Normen sind so stark, dass Menschen teilweise richtige Qualen auf sich nehmen, nur um diese Normen zu erfüllen.

Hat man diesen Zusammenhang und die Stärke dieser Einflüsse und Prägungen einmal verstanden, so könnte man sogar noch einen Schritt weitergehen und die Frage stellen:

Fragen

Wenn, wie anfänglich erwähnt, kein Kind als Verbrecher oder Terrorist auf die Welt kommt, wie kann es dann sein, dass es in der Welt so viele Verbrecher und Terroristen gibt? Wenn niemand also so geboren wird, dann muss es Dinge geben, die im Laufe des Lebens bei diesen Menschen eintreten und sie zu Verbrechern und Terroristen machen. Bejaht man auch diese Frage, so folgt daraus die nächste, welche dann lautet:

Was sind es für Dinge, Einflüsse, Entwicklungen, Erfahrungen, Prägungen... usw., die aus einem unschuldigen Menschen einen irrationalen Verbrecher oder Terroristen machen?

Diese Frage wird man hier nicht so schnell und nicht so einfach beantworten können. Wichtiger an dieser Stelle ist vielmehr die Tatsache aufzuzeigen, wie eine intelligente Möglichkeit besteht, sich der Problematik zu nähern, einzugrenzen, auszuschließen und somit mit der Zeit Möglichkeiten und Wege zu finden um das Böse und Schlechte in der Welt zu reduzieren und um die Welt dadurch für alle etwas besser und lebenswerter zu machen. Der Homo Oeconomicus ist dazu nicht in der Lage, der reale Mensch jedoch durchaus.

Auch aus der Sicht der „Glücksanalyse" lässt sich dieses Gedankenexperiment interpretieren. Dieses Verhalten und Motivation des Menschen ist ein klares Indiz dafür, dass Anerkennung und Ansehen in der Gesellschaft, in der er lebt, essenziell wichtige Faktoren für sein Zufriedenheitsstreben- oder dem Streben nach Glück sind. Denn wenn die Zufriedenheit und Glück das ist, wonach der Mensch strebt, dann sind dies auch seine Hauptmotivatoren. Und wenn demzufolge die gesellschaftliche Anerkennung und Akzeptanz dieses Bedürfnis befriedigen, dann tut er eben diese irrationalen oben beschriebenen Dinge, um die gesellschaftliche Anerkennung zu bekommen.

Es ist jedoch zu bedenken, dass es durchaus auch die Möglichkeit gibt, dass die gesellschaftliche Anerkennung per se, nicht die eigentliche Ursache und der Grund für das Glück und Zufriedenheit des Menschen ist. Es ist auch möglich, dass die gesellschaftliche Anerkennung also (nach Maslow), nicht die Spitze der Bedürfnispyramide darstellt. Sie könnte nur eine weitere „Voraussetzung" oder Vorstufe für eine andere, noch höher stehende Stufe vor dem Glück, Zufriedenheit und Erfüllung sein. Denkbar wäre zum Beispiel auch die Erklärung, dass durch eine gesellschaftlich hohe Stellung und Akzeptanz, die jeweilige Person, für seine anderen in der Gesellschaft lebenden Mitmenschen interessant und somit begehrenswerter wird. Dann wäre in diesem Fall nicht die gesellschaftliche Stellung das „Ziel" dieser Person, welche ihr das Glück und Genugtuung bringt. Ihr eigentliches Ziel und oberstes Bedürfnis in der Bedürfnispyramide wäre in diesem Fall das „Begehrtsein". Und dieses „Begehrtsein" wäre nur durch das Erreichen der gesellschaftlichen Anerkennung zu verwirklichen. Das würde somit schlussendlich auch direkt und logisch mit der Fortpflanzung und der Erhaltung seiner Spezies zusammenhängen. Diese Argumentation wäre dann auch mit der Evolutionstheorie voll vereinbar und wäre eine schlüssige, nachvollziehbare und logische Erklärung für die wirklichen Motive und Anreize des Menschen allgemein.

Diese theoretische Schlussfolgerung ist gar nicht so abwegig, wenn man die Funktionsweise der Evolution mit den Erkenntnissen der Trieblehre Siegmund Freuds kombiniert und das Maslowsche Pyramidenartige System der aufeinander aufbauenden Bedürfnisse mit berücksichtigt. Freuds Trieblehre geht von einer Selbsterhaltungstendenz aus, die dem Individuum die größtmögliche Lust (Libido) verschafft. Diese ist naturgegeben. So empfindet beispielsweise ein Säugling beim Stillen ohne Zweifel größtmögliche Lust. Nach Freud ist das Nahrungsbedürfnis ursächlich für den Drang (=Stärke des Hungergefühls). Dieser ist dann ursächlich für die Libido (=Stillung des Hungers). Technisch ausgedrückt: Die Lust/Libido belohnt den Säugling für Energieaufnahme, die für seinen Erhalt notwendig ist.

Von der Natur wird interessanterweise auch genau das Gegenteil „unterstützt": Die Vermeidung von schädlichem und somit für den Menschen/das Lebewesen gefährliches. Durch Schmerz z. B. wird ein negatives Gefühl/negative Motivation erzeugt um sich zu schützen- und somit auch das Überleben der Art zu sichern. Wird etwas zu heiß, sodass es den Körper schädigt, wird automatisch ein Schmerz erzeugt um die Ursache zu beseitigen.

Arterhaltung unterstützende Dinge werden mit gutem Gefühl belohnt- artgefährdende mit schlechtem Gefühl unterbunden. Das scheint ein ausgeklügeltes System der Natur zu sein und durch dessen Kenntnis kann man sehr viel über die Ursachen und Motive der menschlichen Handlungen ableiten zu können.

Die Natur und die Evolutionstheorie lehren uns, dass sich die am ehesten durchsetzen (fortpflanzen), die am begehrenswertesten sind. Das sind die stärksten, erfolgreichsten, mächtigsten, reichsten, gesellschaftlich am höchsten stehenden…usw. Wenn dem so wäre, dann müsste die Natur bei allen Lebewesen ein „Mechanismus" eingebaut haben, sich für die anderen Artgenossen auch möglichst begehrenswert zu machen, indem sie genau diese anzustrebenden Attribute „belohnt". Der Mensch wird dadurch belohnt, indem er Lust/Befriedigung (Freud nannte es Libido) empfindet, wenn genau diese Attribute anstrebt und erreicht werden. Dieser „Mechanismus" könnte also als eine Art Ur-Antrieb angesehen werden, um zum eigentlichen Ziel der Natur zu kommen – der Erhaltung der eigenen Spezies. Das kann zum Beispiel mit dem Drang/Streben nach Glück und Zufriedenheit erklärt werden. Denn die Befriedigung tritt genau dann ein, wenn ein bestimmter Schritt getätigt wird auf dem Weg zum von der Natur vorgegebenem Ziel. Wäre dem so, dann ist auch das System der einzelnen Bedürfnisstufen schlüssig, die alle durchlaufen werden, um oben auf der höchsten Stufe das Glück oder die Zufriedenheit zu finden.

Hier geht es ausdrücklich nur um das Prinzip und um die Theorie selbst. Es geht ausdrücklich nicht darum, Einzelheiten oder Details der Evolutionstheorie, Freuds Erkenntnissen oder dem Maslowschen Prinzip der Bedürfnishierarchie zu zeigen oder zu diskutieren. Im Prinzip würden diese – eigentlich aus der ökonomischen Sicht fachfremde – Theorien dazu beitragen, für die Ökonomie eine essenzielle Grundfrage zu lösen – Die Frage des menschlichen Antriebs und Motivation und damit der Ursachen für seine Präferenzsetzung und für sein Handeln.

Die Beobachtungen und in Experimenten wiederholbare Ergebnisse lassen sich zusammenfassend folgendermaßen deuten und interpretieren:

Der Mensch kann sich nur weiterentwickeln und langfristig überleben, solange es bei ihm angeborene Mechanismen gibt, die dafür sorgen, dass er das, was für ihn und für sein Überleben notwendig ist, bekommt. Er hat Durst, wenn sein Körper zu wenig Wasser hat und deshalb Flüssigkeit benötigt. Er hat Hunger, wenn seine Energiereserven zu Neige gehen... usw. In Verbindung mit der hier vorgestellten „Glücksskala" sorgt dieser Mechanismus dafür, dass der jeweils als Mangel empfundene Zustand entsprechend zu beheben ist, um auf der Skala weiter nach oben, also zu mehr Glück zu steigen – bzw. weg vom Mangelzustand. Hinter diesem Mechanismus stecken zwei Faktoren, die für das entsprechende Handeln verantwortlich sind. Einerseits ist es die Stärke des empfundenen Mangels/Schmerzes/Unglücks/ Unwohlseins, die es zu beheben gibt. Andererseits ist es die Stärke der Wirkung von Motivation/des Anreizes/der Incentivierung, die die entsprechende Handlung zur Beseitigung des Mangels auslöst. Dass dem so ist, ist nicht unbedingt als logisch anzusehen. Denn es gibt bei den Menschen auch durchaus manchmal die sehr ausgeprägte Leidensfähigkeit. Wenn diese mit einer niedrigen Anreizsetzung, den Mangel zu beheben kombiniert ist, dann wird auch wahrscheinlich nicht die Handlung gestartet, um den Mangel zu beheben. Folglich wird die Handlung nicht angestoßen, welche dazu führt, um auf der Glücksskala weiter nach oben zu kommen. Umgekehrt ist es auch möglich, dass ein relativ klein empfundener Mangel, kombiniert mit einer starken Incentivierung, zu einer entsprechend großen Handlungsmotivation führt.

Vor dem Hintergrund dieses „Evolutionsbedingten Mechanismus" ist nun die Maslowsche Bedürfnispyramide zu sehen. Hier werden die verschiedenen Stufen der Bedürfnisklassen gezeigt. Diese sind, wie zuvor erläutert, einerseits vom jeweiligen momentanen IST-Zustand, und andererseits von der Vergangenheit des Individuums abhängig.

Wenn also die Grundbedürfnisse befriedigt sind und der Mensch auf seiner persönlichen Skala sich entsprechend weiter oben positioniert hat, indem er die bestimmten Handlungen vorgenommen hat, entstehen automatisch immer neue Bedürfnisse, die er zuvor nicht hatte und die jetzt nach einer neuen, nächsten Handlung verlangen.

Wie also der einzelne Mensch tatsächlich handelt, hängt genau von diesen Zusammenhängen und Faktoren ab.

Diese sind logischerweise von Fall zu Fall verschieden, weil sie – wie gezeigt – von den jeweiligen äußeren Umständen stark abhängen und auch von der Präferenzierung des jeweiligen Individuums. Diese Präferenzierung wiederum ist auch von bestimmten Faktoren abhängig. Am folgenden Beispiel lässt sich dies verdeutlichen und gleichzeitig zeigen, dass solche Überlegungen und Schlussfolgerungen nicht selten zum erbitterten Streit führen können:

Ob ein bestimmtes Kind mit Puppen oder mit Autos spielt – also ob das Kind bestimmte klare Präferenzen zeigt – kann angeboren sein.

Das Befolgen von sozialen Normen kann anerzogen sein, oder durch das Umfeld kulturbedingt indirekt übernommen worden sein.

Die Präferenz für die Substitution von Arbeit zu Freizeit kann kulturbedingt sein, vorstellbar wäre auch eine Unterscheidung der Individuen durch ihre Veranlagung, also auch durch Geburt gegeben.

Diese Beobachtungen führen zu der Vermutung, dass das menschliche Handeln durch einen komplexen mehrstufigen Mechanismus bestimmt wird, der von folgenden Faktoren maßgeblich abhängt:

1. Die Stärke des Anreizes/der Belohnung/der Incentivierung, den Mangel zu beheben
2. Die erreichte Stufe auf der Bedürfnispyramide
3. Die Stärke, diesen Mangel zu beheben
4. Die Stärke/Intensität des empfundenen Mangels
5. Durch die Veranlagung gegebene Sensibilität für diese Faktoren

1. Beispiel: Der Mensch braucht Wasser, um zu überleben. Durch die Natur wurde ihm das Gefühl des Durstes (=Mangelempfinden) gegeben, damit er sich ausreichend mit Wasser versorgt. Trinkt er Wasser, wird das Mangelempfinden beseitigt und sein Bedürfnis nach Durststillung befriedigt. Das ist ein einfacher Zusammenhang. Das Durstempfinden des Menschen lässt sich kaum beeinflussen, sein Ertragen des Durstes (des Mangels) nur bedingt. Da es sich dabei um eines der Grundbedürfnisse handelt, ist es auch nicht möglich, die Reihenfolge für ihn zu verändern – also ein anderes Bedürfnis vor dem des Trinkens zu setzen. Was allerdings bei diesem Beispiel einfach zu ändern ist, um sein Verhalten (Trinken zu wollen) zu ändern, ist die Stärke der Incentivierung. Man kann die Flüssigkeitszufuhr (das Trinken) für den Menschen angenehmer machen oder unangenehmer. Man kann die Belohnung verändern. Erhöhen durch Saft/Zucker, oder verringern durch nicht schmeckende Zusatzstoffe.

Dieses Beispiel ist einfach und für jedermann nachvollziehbar. Interessant ist es aber, auch die anderen drei Faktoren zu analysieren um zu sehen, ob auch hier eine Beeinflussungsmöglichkeit beziehungsweise Steuerungsmöglichkeit besteht.

2. Beispiel: Beeinflussung der Hierarchiestufe auf der Bedürfnispyramide nach Maslow:

Weiter vorne wurde das Beispiel gezeigt, dass ab dem Erreichen eines bestimmten Status in der Gesellschaft oder der eigenen Bedürfnisse, der Mensch scheinbar bestrebt ist, wohltätig zu handeln und als Wohltäter wahrgenommen zu werden. Hier scheint es so zu sein, dass analog zu den Bedürfnisstufen die Selbstverwirklichung in Form von Wohltätertum, Mäzenatentum usw. erst am äußersten oberen Ende der Bedürfnisstufen angesiedelt ist. Würde es gelingen, einen Mechanismus zu identifizieren, der dieses Bedürfnis innerhalb der Bedürfnishierarchie weiter nach unten – oder besser ausgedrückt nach vorne verschiebt (also dieses Bedürfnis VOR andere Bedürfnisse platziert), dann könnte man auch hier eine gewisse Steuerung des Verhaltens erzielen. Eine Hilfe für diese Identifizierung ist möglicherweise dort zu suchen, wo in der Gesellschaft genau solche Verhaltensweisen zu beobachten sind. Es kommt durchaus häufig vor, dass auch Menschen altruistisch tätig sind und ihr gesamtes Handeln und manchmal auch das eigene Leben dafür einsetzen, anderen zu helfen. Und das, obwohl sie selber noch lange nicht alles im Leben erreicht haben. Warum tun sie das? Warum ist bei diesen Menschen das Bedürfnis, sich für andere zu opfern oder anderen zu dienen, so hoch, dass es oft eindeutig und unbestritten das Verlangen nach der Erfüllung eigener Bedürfnisse weit übersteigt. Warum ist also bei dieser Gruppe von Menschen, die oberste Ebene der Bedürfnisse, so weit unten und näher bei den Grundbedürfnissen angesiedelt?

Eine der möglichen Antworten darauf ist der Glaube oder die Religion, also in letzter Instanz die intellektuelle Überzeugung des Menschen. Möglicherweise könnte aber auch die Gesellschaft, welche dieses Verhalten entsprechend mehr würdigen würde, auch zu diesem Resultat beitragen. Dann wäre es zwar durch das eigene, egoistische Bedürfnis des gesellschaftlichen Ansehens „erkaufte" wohltätige Handeln des Menschen. Das Resultat wäre jedoch dasselbe. Hier ist die Erkenntnis wichtig, dass es durchaus eine Möglichkeit gibt, die Hierarchiestufen zu tauschen oder ihre Reihenfolge zu verändern.

3. Beispiel: Einflussfaktoren für eine Veränderung des Bedürfnisses (Stärke der Motivation) zur Behebung des empfundenen Mangels:

Hier gibt es zahlreiche Beispiele in der Realität, die sehr interessant sind zu analysieren. Denn es ist durchaus auch möglich, den Willen oder das Bedürfnis zur Beseitigung des Mangels zu beseitigen, zu unterdrücken oder zu verändern. Ausdrücklich wird hier auf den Unterschied hingewiesen, zwischen der Veränderung des empfundenen Mangels selbst und der Veränderung des Bedürfnisses, diesen empfundenen Mangel zu beseitigen – also die Stärke der Motivation, den Mangel zu beseitigen.

In vielen Bereichen wird erfolgreich gezeigt, dass das Bedürfnis einen bestimmten empfundenen Mangel zu beseitigen manipuliert werden kann. Im Sport, in der Politik, bei bestimmten Überzeugungen, die es durchzusetzen gilt, oder auch manchmal im Eigeninteresse durch beispielsweise Meditation, wird die Bestrebung oder der Wille zur Beseitigung eines bestimmten empfundenen Mangels manipuliert. Das heißt konkret, dass der Mangel als solcher weiterhin in der gleichen Stärke empfunden wird, seine Befriedigung und die Bestrebung zu dieser Befriedigung wird aber manipuliert. Fasten oder Nichttrinken aus religiösen Gründen beispielsweise zeigen dies deutlich. Auch im Sport gibt es Situationen (Training oder Vorbereitung auf Wettkämpfe), wo es darum geht den menschlichen Körper in eine bestimmte gewollte (meistens unnatürliche) Kondition zu bringen und so unterdrückt der Sportler gewollt und absichtlich die Befriedigung seiner natürlichen Bedürfnisse (z. B. Wasserentzug, um ein bestimmtes Gewicht zu halten). Diktatorische Systeme oder fanatische politische oder religiöse Gruppen sind bemüht, ihre Mitglieder oder Gefolgsleute auch zur Unterdrückung ihrer eigenen Bedürfnisbefriedigung zu bewegen. Das kann in der Form geschehen, dass beispielsweise Konsum generell als etwas schlechtes oder Verbotenes gelehrt wird, der Drang nach Freiheit und Bewegung unterdrückt oder verboten wird, oder es Essen, Trinken, Familiengründung, Sex oder sonst ein anderes menschliches Bedürfnis betrifft. Meistens wird ein solcher Verzicht durch Strafen, seltener durch Belohnung erreicht. Es handelt sich also um vier mögliche Einflussnahmen:

1. Incentivierung, um etwas zu tun
2. Incentivierung, um etwas zu unterlassen
3. Bestrafung, wenn man etwas tut
4. Bestrafung, wenn etwas unterlassen wird

Auch durch eine sogenannte Gehirnwäsche, Hypnose, oder mit anderen psychologischen Instrumenten sind diese Beeinflussungen möglich. Alle haben zum Ziel, das Bedürfnis eines empfundenen Mangels nicht zu befriedigen.

4. Beispiel: Beeinflussung der Stärke des empfundenen Mangels:
Diese Form der Einflussnahme ist die schwierigste von allen, wenn sie jedoch erfolgreich angewendet wird, dann ist es die wirkungsvollste. Sie ist nur möglich durch eigene Überzeugung und eigenes Wollen des betroffenen Menschen und ist nicht kontrollierbar. Wenn beispielsweise der eigene Wille und die Überzeugung bei Menschen vorhanden sind,

dass Nahrungsaufnahme etwas Schlechtes ist, dann kann ein Zustand erreicht werden, in dem ein tatsächliches Hungerempfinden nicht vorhanden ist bzw. komplett unterdrückt wird. Das naturgegebene Hungerempfinden (naturgegeben, weil angeboren und überlebenswichtig) wird komplett eliminiert. Der Mensch hat seine eigenen, für die Evolution notwendigen und durch die Natur/Geburt gegebenen Mechanismen eliminiert. Er empfindet keinen Mangel und somit empfindet er auch keine Notwendigkeit/kein Bedürfnis diesen Mangel zu befriedigen. Ihm fehlt dadurch automatisch auch der Drang, sich auf seiner Glücksskala nach oben zu verbessern, weil er kein Mangelempfinden hat. Wichtig ist zu betonen, dass es sich immer nur um einen oder zumindest um sehr wenige Bedürfnisse handelt und somit die anderen dadurch nicht beeinträchtigt werden. Möglicherweise kann es sein, dass es sogar eine Art von Substitution bei den Bedürfnissen gibt. Man kann dies beispielsweise gut bei magersüchtigen Personen beobachten. Diese haben ihr natürliches Bedürfnis nach Nahrungsaufnahme komplett eliminiert. Sie wollen und können nichts essen. Auf der anderen Seite sind sie davon überzeugt, dass Schlanksein schön ist (je schlanker, desto schöner) und dass das Schlanksein auch in der Gesellschaft hohe Anerkennung hat. In gewisser Weise substituieren sie ihr Bedürfnis nach Nahrungsaufnahme mit ihrem Bedürfnis nach Schönheit, Anerkennung usw.

Diese Beispiele zeigen eindeutig, dass es durchaus Faktoren gibt, die die Bedürfnisse, Entscheidungen und Präferenzen des Menschen beeinflussen und diese Bedürfnisse und Präferenzen mit der Evolutionstheorie, wie auch mit der Theorie der Maslowschen Bedürfnispyramide vereinbar sind. Diese Ergebnisse sind auch mit den

Beobachtungen in der Realität und mit den Ergebnissen in der Verhaltensforschung vereinbar.

Somit kann man durchaus die direkten Zusammenhänge erkennen:

- Einerseits die zwischen den angeborenen Trieben, welche notwendig sind fürs Überleben der Spezies Mensch (siehe Evolutionstheorie von Darwin) und der daraus resultierenden treibenden Kraft zur Befriedigung/Beseitigung des jeweiligen Mangelempfindens und des Strebens hin zu mehr Glück (siehe Freud weiter oben: Aufwärtsbewegung auf der Glücksskala) und zur Vermeidung von Unglück (was im Endeffekt auch einer Verbesserung und Mehrung von Glück gleichkommt).
- Andererseits zwischen der Abfolge und Abhängigkeiten von Bedürfnissen. Diese sind immer determiniert vom aktuellen Zustand und den Umständen, in welchen sich das Individuum gerade befindet (siehe Maslowsche Bedürfnispyramide).
- Und schließlich auch noch zwischen den daraus resultierenden richtigen Anreizen, welche ein entsprechendes Verhalten des Menschen hervorrufen (siehe in der Verhaltensforschung und Verhaltensökonomie).

Alle diese Fakten sprechen klar gegen die Theorie des Homo Oeconomicus und bestätigen eindeutig, dass Verhaltensannahmen auf der Basis eines solchen Homo Oeconomicus mit der komplexen Realität des menschlichen Handelns, Motivation, Incentivierung und Präferenzierung nicht übereinstimmen.

Generell muss man feststellen, dass der Mensch als Individuum, durch die Komplexität seines gesamten

Wesens, verursacht durch die verschiedensten Faktoren, extreme Unterschiede aufweist und dementsprechend auch mit unterschiedlichen Begabungen, Fähigkeiten und Stärken bzw. Schwächen schon von Geburt an ausgestattet ist. Je nach seinen Veranlagungen setzt er seine Präferenzen. Das Setzen seiner Präferenzen determiniert maßgeblich seine Motivation und Incentivierung. Diese wiederum sind ausschlaggebend und beeinflussen sein Handeln.

Denn es gibt in der Ökonomie viele nicht rationale Verhaltensweisen des realen Menschen, die mit der Logik der klassischen Ökonomie nicht zu erklären sind. Ein anderer irrationaler Effekt ist beispielsweise bei bestimmten Luxusgütern zu beobachten, deren Nachfrage tatsächlich mit steigendem Preis steigt und mit fallendem Preis sinkt, was jeder ökonomischen Theorie diametral widerspricht.

Was in vergangenen Zeiten z. B. großer Luxus war, ist heutiger Standard für jeden. Und vieles was heute Luxus ist und was sich nur wenige leisten können wird normal und alltäglich in der Zukunft sein. Diese materiellen Dinge machen allein – also ohne einen Zugewinn an Status – nicht glücklich. Nur, wie zuvor gezeigt, die Differenz (Delta) im Status zu den Mitmenschen bringt Ansehen und Glück und wird deshalb angestrebt. Wird aber ein begehrtes Produkt zugänglicher (=billiger), verliert es zugleich automatisch an Exklusivität und damit an Attraktivität (Delta im Status sinkt) und somit auch an Begierde (=Nachfrage) und damit auch an Wert, sodass der Preis sinkt („Luxusparadoxon"). Als ein anschauliches Beispiel kann man in der jüngeren Vergangenheit das auf den Markt gekommene Mobiltelefon nennen. Hier war bereits in den 70er Jahren die Technologie vorhanden. Diese war jedoch damals noch sehr teuer, sodass nur die wenigsten

Menschen sich ein solches Gerät leisten konnten. Die Kunden waren Menschen, die

- einerseits die notwendigen Mittel hatten, um es erwerben zu können und andererseits
- das Produkt aus bestimmten Gründen benötigten.

Es war ein sehr seltenes und nur für eine kleine Minderheit zugängliches aber wichtiges Produkt. Dies sind die beiden notwendigen Voraussetzungen die dazu führen, dass ein Gut sich zu einem Status bildenden Produkt entwickelt. Es stand einerseits für die Wichtigkeit seines Besitzers und andererseits für seine ökonomische Stärke (=gesellschaftlicher Status), sich so ein Gerät leisten zu können. Mit dem technologischen Fortschritt wurden diese Produkte im Laufe der Zeit immer günstiger und für immer größere Kreise der Bevölkerung zugänglich, bis es irgendwann seine Status bildende Eigenschaft komplett verlor und zum gewöhnlichen Massenartikel und Konsumgut wurde, trotz immer weiter verbesserter Funktionalität. Eine identische Entwicklung kann man auch bei anderen Produkten wir z. B. PKW, Fernseher, Flatscreens, usw. beobachten. In diesem Zusammenhang kann man eine weitere Irrationalität beobachten, die in wesentlich ärmeren Ländern heute sehr oft zu beobachten ist. Dort gibt einen riesigen Markt an Mobiltelefonattrappen. Weil sich in diesen ökonomisch schwachen Gegenden die Menschen auch heute noch kein Mobiltelefon leisten können, kaufen sie eine Attrappe und tun so, als hätten sie eins. Daraus ist zu folgern, dass nicht die Funktionalität entscheidend ist. Für sie muss es ungeheuer wichtig sein, also anders ausgedrückt das Verlangen und Bedürfnis muss sehr hoch sein, so zu tun, als würde man etwas besitzen, was die anderen

Mitmenschen nicht haben. Das Geltungsbedürfnis, von den anderen Mitmenschen auf eine bestimmte Art und Weise wahrgenommen zu werden, ist so groß, dass sogar existenziell notwendige Güter wie Essen oder Kleidung vernachlässigt werden zugunsten von nutzlosen Attrappen, die aber ein Ansehen in der Gesellschaft versprechen.

Ökonomisch ist dieses irrationale Verhalten in keiner Theorie abgebildet, obwohl es unter Millionen von Menschen in der Wirtschaft real existiert, beobachtet und leicht nachgewiesen werden kann. Menschen geben Geld/Vermögen aus und gehen nicht unerhebliche Nachteile/Unannehmlichkeiten/Unwohlsein/Risiken ein (das Tragen eines Stücks Draht im Mund ohne eine Funktion kann nicht anders bezeichnet werden), nur um schlechter auszusehen, um evtl. auch Schmerzen zu haben und um noch weniger Geld zu haben als zuvor. Und sie tun es trotzdem, weil sie sich dadurch dennoch „besser fühlen" und glücklicher sind (siehe Beispiel weiter vorne: der Modetrend bei Jugendlichen in Asien, Zahnspangen zu tragen).

Falsche Zahnspangen zu tragen ist rational, ökonomisch, gesundheitlich, ästhetisch…usw. betrachtet negativ, wird aber trotzdem als etwas Positives gesehen und deshalb werden Zahnspangen sehr begehrt und somit nachgefragt (=erhoffter Status- und Imagegewinn). Identisch irrationales Handeln gibt es nicht nur bei Konsumenten, sondern auch auf Börsen, bei Investoren, Bankern, Managern und allen anderen Marktteilnehmern.

Wie oben gezeigt, ist Zufriedenheit und Glück das, was man in Relation zu seinen Mitmenschen hat, kombiniert mit der Erfahrung und Erinnerung zu dem, was man früher hatte.

Es umfasst Faktoren wie z. B.

> **Beispiel**
>
> * Einkommen,
> * Konsum,
> * Lebensstandard,
> * Vermögen,
> * Erwartungen,
> * Investment…

aber auch Aspekte wie z. B.

> **Beispiel**
>
> * Gesundheit,
> * Partnerschaft,
> * Familie,
> * Freunde,
> * Gesellschaftliche Stellung,
> * Ansehen

Also nicht nur materielle, sondern auch psychosoziale Komponenten. Ein gestern erblindeter Mensch geht heute ganz andere finanzielle und gesundheitliche Risiken ein, um eventuell wieder sehen zu können und hat bestimmt andere Prioritäten und Präferenzen als jemand, der schon immer blind war und dem jetzt und heute somit nichts weiter fehlt- er also keinen Mangel empfindet.

Solche Differenzen beim Fällen von Entscheidungen und im Handeln kann man auch bei Konsumenten, Investoren, Bankern und Brokern beobachten, die eine

bestimmte „Erfahrung" in der Vergangenheit gemacht
haben (=etwas gestern hatten, was sie heute nicht mehr
haben oder etwas gar nicht kennen) und welche ihr Handeln heute maßgeblich beeinflusst.

Analog ist ein Investmentbanker zu sehen, der bis gestern über ein sehr großes Vermögen verfügte, welches er
soeben verlor. Um es schnellstmöglich wiederzugewinnen,
wird er deswegen ganz andere Risiken eingehen – finanzielle, rechtliche, gesellschaftliche, gesundheitliche...usw. –
als jemand, der zeitgleich das gleiche besitzt und diesen
Verlust kurz zuvor nicht erleben musste.

》 **All diese Beispiele, die massenhaft
in der Ökonomie vorkommen,
werden in der bisherigen ökonomischen Theorie nicht ausreichend berücksichtigt und erklärt.
Sie sind jedoch unbestreitbar in
der Realität existent und bewegen die Menschen, Konsumenten
(=Wirtschaftssubjekte) signifikant
in ihrem Verhalten, Handeln, Entscheiden und dem Setzen von Präferenzen.**

Berücksichtigung in der Ökonomie finden diese hier
beschriebenen Zusammenhänge und Gesetzmäßigkeiten
kaum. Es sind stattdessen genau definierte Warenkörbe

oder Währungen als Maß für Wohlstand, Einkommen und Konsum aufgestellt worden. Sie machen alles sehr einfach messbar, eindeutig vergleichbar, quantitativ und sollen damit mathematisch nachweisbar belegen, dass es den Menschen mit einem Mehr an Konsum und Mehr an Einkommen generell viel besser gehen muss, als mit weniger. Und dass wir folglich alle dank dieses enorm gesteigerten Konsums produktiver, aktiver, attraktiver und glücklicher sind (oder sein müssten). Entspricht es aber tatsächlich der Wirklichkeit? Die hier gezeigten Beispiele belegen das Gegenteil.

>> Es werden generell keine Gefühle und Emotionen von Menschen (=irrationales Verhalten der Marktteilnehmer) in der Ökonomie berücksichtigt oder gar gemessen. Auch wenn diese Emotionen das Setzen der Präferenzen (also die Entscheidungen) der Marktteilnehmer maßgeblich beeinflussen.

Eine weitere Beobachtung hat eine nicht zu unterschätzende Folge in der Ökonomie. Es wird am besten als „Konzertparadoxon" beschrieben und resultiert letzten Endes in sinnloser Anstrengung aller Beteiligten, im Stress und in „Unhappiness", sowie im allgemeinen Druck in der

Gesellschaft- ohne dass sich jedoch am Ende etwas für den einzelnen verbessert:

Wir alle kennen die Situation einer Zuschauermenge bei einem Open-Air-Konzert. Alle stehen auf einer ebenen Fläche und betrachten, was sich auf der Bühne abspielt, die etwas erhöht weiter vorne aufgebaut ist. Es gibt größere Menschen und kleinere, welche die weiter vorne und andere, die weiter hinten stehen. Jeder sieht genauso gut, wie es seine Größe und seine Entfernung von der Bühne erlaubt.

Man kann kurzfristig seine Sicht nur dadurch etwas verbessern, indem man sich die Mühe macht und auf die Zehenspitzen steigt, um seine Größe in Relation zum Rest der Zuschauer zu erhöhen. Wird irgendwann jedoch die Vorstellung auf der Bühne so interessant, dass immer mehr Zuschauer immer mehr und immer besser sehen wollen, hat dies zur Folge, dass immer mehr Menschen auf die Zehenspitzen steigen und somit die Minderheit, die dies nicht tut, weniger bis gar nichts mehr sieht.

Die Folge ist die, dass schließlich auch diese Minderheit gezwungenermaßen auf die Zehenspitzen steigen muss, um überhaupt etwas zu sehen. Danach tritt ein Zustand ein, der als „Inflation der Anstrengung" bezeichnet werden kann: Alle stehen auf den Zehenspitzen. Alle strengen sich maximal an, um etwas zu sehen. Alle ermüden schnell und für alle ist diese Haltung sehr beschwerlich und auf die Dauer unangenehm.

Und das Ergebnis:

» Alle sehen genau so viel wie zuvor, als noch niemand auf die Zehenspitzen gestiegen ist.

Weil der Vorteil, der durch alle genutzt wird, für niemanden mehr ein Vorteil ist (und automatisch für alle zum Nachteil wird). Der Ausdruck „Inflation der Anstrengung" ist deshalb so passend, weil die Anstrengung (um mehr zu sehen) dazu geführt hat, dass alle am Schluss genau so viel sehen wie zuvor – jedoch nur unter äußerster Anstrengung. Somit verpufft der Effekt, oder der kurzfristige Vorteil, vollkommen (und wird gleich Null). Trotz Anstrengung hat man keinen Vorteil. Man strengt sich an, der Effekt ist trotzdem gleich 0. Alle sehen so viel wie am Anfang (bevor sich alle anstrengen mussten), jetzt müssen sich jedoch alle anstrengen und in einer unbequemen Position verharren und sehen genau gleich wie zuvor.

》 Der Gesamteffekt für alle ist somit negativ.

》 Sein absoluter Wert entspricht der Summe der zusätzlichen Anstrengung jeder einzelnen Person in der betroffenen Gruppe.

Das ist der Preis, den sie für einen kurzfristigen positiven Effekt (nur kurz mehr sehen) bezahlen müssen.

Die Parallelen zum wirtschaftlichen Leben und zur Ökonomie sind hier eindeutig:

» **Wenn in einer Gruppe oder innerhalb der Gesellschaft lebende Menschen im Durchschnitt**

- **alle** einen höheren Bildungsstand haben,
- **alle** mehr und länger arbeiten,
- **alle** generell mehr leisten können,
- **alle** mehr wollen oder
- **alle** mehr arbeiten und leisten müssen,
- **alle** mehr verdienen,
- **alle** insgesamt mehr haben und besitzen,
- **alle** mehr konsumieren,
- **alle** mehr produzieren,

ist der Effekt am Ende für jeden gleich Null.

Der Einzelne kann sich gegenüber den anderen in der Gruppe nicht verbessern.

Denn die Differenz zum Rest bleibt immer gleich. Das einzige was sich ändert ist, dass der Druck, die Belastung, das Arbeitspensum, die Anstrengung, die Verantwortung usw. ansteigt.

Zwangsläufig bringt dieser Zustand also NICHT Vorteile für den einzelnen Menschen – so wie die ökonomische Theorie dies besagt. Weder Glück noch Zufriedenheit in der Gesellschaft wird dadurch generiert oder vermehrt.

Zwangsläufig fallen zuerst die Schwächeren zurück, weil sie nicht mit der zunehmenden Anstrengung mithalten können, ähnlich den schwachen oder älteren Zuschauern beim Konzert die nicht lange auf den Zehenspitzen stehen können. Eine geringe Verbesserung der Situation für wenige (die „fittesten") kann nur auf Kosten von schwächeren Mitgliedern oder Minderheiten/Gruppen erfolgen. Die Summe der Vorteile/Verbesserungen für alle ist jedoch zwangsläufig immer 0.

Eine gewisse Ähnlichkeit und Parallele mit der Theorie vom Darwin, wo nur die Stärksten überleben, weil sie sich durchsetzen und besser an neue Bedingungen anpassen, ist bei diesem Beispiel nicht von der Hand zu weisen.

Denkt man über dieses Gedankenexperiment genau nach und betrachtet dann die moderne Lebensweise und ihre Entwicklungen in den letzten Jahrzehnten, so kann man die Tendenzen zu genau dieser Entwicklung (zur „Inflation der Anstrengung" in der Gesellschaft und in der Wirtschaft) nicht übersehen.

Die einzige theoretische Möglichkeit einer Verbesserung der beschriebenen Situation in dieser Gesellschaft ist deren Öffnung für neue Menschen (Wirtschaftssubjekte), die aus einer ärmeren und weniger gebildeten Gesellschaft zuwandern und die weniger begehrten und qualifizierten Arbeiten übernehmen. Dadurch kommt es zu dem weiter oben beschriebenen „Delta im Status" bei den Menschen, die ursprünglich die Gesellschaft vor der Öffnung bildeten. Diese können nun zumindest teilweise aufsteigen, indem sie höherwertigere Arbeiten übernehmen, besser verdienen und sich gesellschaftlich besserstellen, weil deren ursprünglich ausgeübte niedrigere und weniger bezahlte Tätigkeiten nun durch die neu dazugekommenen übernommen werden. So gesehen ist die Einwanderung in diesem Beispiel eine win-win Situation für alle beteiligten. Auch die Gesamtwirtschaft profitiert davon und entwickelt sich besser, als ohne die Einwanderung. Dieser Effekt ist jedoch **zeitlich-** wie auch **räumlich** begrenzt:

- **Zeitlich** deswegen, weil es nach einer gewissen Zeit auch bei den neu dazu gekommenen Menschen genau zu der „Gewöhnung" an die besseren Umstände und Lebensbedingungen kommt und sie irgendwann diese nicht mehr wertschätzen als die ursprünglichen Einwohner. Es wird auch für sie zum Standard und somit werden sie, was ihre Einstellungen und Bedürfnisse angeht, der ursprünglichen Bevölkerung angeglichen. Der Unterschied nach der Angleichung ist aber der, dass der Gesamtdruck innerhalb der Gesellschaft durch die jetzt erhöhte Anzahl ihrer Mitglieder höher ist – genauso wie dann auch die Konkurrenz untereinander.
- **Räumlich** wird der Effekt dadurch beschränkt, dass er nicht beliebig ausweitbar ist, denn kein Land hat unendlich viel Platz und Kapazität. Andererseits ist auch die Welt an sich nicht vergrößerbar, sodass auch Märkte nicht beliebig wachsen können.

Dies spiegelt aktuell das Thema der Globalisierung und der damit zusammenhängenden Zuwanderungsproblematik in einigen Ländern.

Es bietet sich dabei auch ein Vergleich mit dem in der Ökonomie anerkannten Werk vom Michael Porter, „Competitive Advantage" (1986), an. In dieser Arbeit werden die Vorteile der kreativen, ersten, die eine Verbesserung oder Veränderung der aktuellen Situation für sich nutzen, beschrieben. Sie haben dadurch einen Wettbewerbsvorteil gegenüber der Konkurrenz auf dem Markt.

Dieser Vorteil wird genau analysiert und erklärt. Die Schlussfolgerungen sind zweifelslos auf den ersten Blick und in einem überschaubaren Zeithorizont (=kurzfristig) richtig. In einem größeren Zusammenhang jedoch, nämlich mit einem zeitlich erweiterten Horizont, wird man feststellen müssen, dass es kein unendlich andauernder Prozess von unendlich wiederkehrendem Verbesserungspotenzial für die Menschen geben kann. Das Universum und die Natur geben uns Restriktionen und Schranken vor. Es gibt keine unendlich andauernde Optimierung, Verbesserung oder Effizienzsteigerung und damit auch kein unendliches Wachstum. Alles erreicht einmal eine Wachstums- oder Sättigungsgrenze, von wo es keine weitere Steigerung mehr gibt. Das ist ein Naturgesetz. Durch den natürlichen Wettbewerb, die Nachahmung und die Angst des „Zurückfallens" gegenüber der Konkurrenz wird jeder Marktteilnehmer (Subjekt) ständig motiviert oder gezwungen, jede mögliche Veränderung/Verbesserung der Situation mitzumachen. Das ist ein Motor der Ökonomie. Dies ist automatisch mit einem gewissen Grad von Anstrengung oder Investition verbunden. Das Endresultat ist jedoch langfristig die oben im Konzertparadoxon beschriebene „Inflation der Anstrengungen".

Nicht zu verwechseln ist der in diesem Kapitel beschriebene Konzerteffekt mit dem berühmten Herdeneffekt.

Diese beiden Effekte sind zwar oberflächlich betrachtet relativ ähnlich, jedoch gibt es beim genaueren Betrachten signifikante Unterschiede mit erheblich unterschiedlichen Folgen. So ist beispielsweise das Verhalten der Individuen beim Herdeneffekt freiwillig. Sie folgen den anderen Mitgliedern der Gruppe freiwillig und es gibt auch keine negativen Konsequenzen für die einzelnen Gruppenmitglieder, wenn sie nicht der Gruppe folgen. Beim Konzerteffekt hingegen verhält es sich anders. Die einzelnen Individuen müssen dem folgen, was gerade geschieht, um ihren Status quo zu sichern und nicht zu verlieren (siehe auch Abschn. 3.4.1 und 3.4.2 [Angst vor Verlusten]). Folgen sie nicht, dann werden sie zwangsläufig zurückfallen und somit ihren Status verlieren und dadurch Nachteile erleiden.

Beim Herdeneffekt ist es für das Individuum leichter, sich dem Effekt zu entziehen. Da beim Konzerteffekt direkte Nachteile als Konsequenz eintreten, ist es da wesentlich schwerer sich zu entziehen und entgegen den restlichen Mitgliedern zu agieren.

Ein weiterer wichtiger Unterschied ist der, dass beim Konzerteffekt aufgrund der direkten Konsequenzen, die im Falle der Nichtbefolgung eintreten, eine Selektion stattfindet, welche die Schwächsten/Unwilligsten/Faulsten in der Gruppe aussiebt. Beim Herdeneffekt hingegen gibt es keine Selektion einzelner Individuen oder Gruppen.

Der Konzerteffekt beeinflusst die Angebotsseite am Markt. Alle strengen sich mehr an, alle leisten mehr, alle produzieren und arbeiten mehr. Die realen Preise bleiben unverändert.

Der Herdeneffekt beeinflusst hingegen die Nachfrageseite am Markt. Durch das Herdenverhalten werden bestimmte Güter vermehrt nachgefragt, andere weniger.

Der Konzerteffekt und der Glückszustand

Vielleicht kann man anhand des Beispiels des Konzerteffekts am besten und am deutlichsten belegen, dass das Streben des Menschen nicht der Gewinnmaximierung gilt, sondern vielmehr einer Verbesserung seines gefühlten Zustands – seines Glücks- oder Unglücksempfindens. Er tut sehr viel und oft auch das, was gar nichts mit einer ökonomischen Verbesserung seiner Situation zu tun hat. Er unternimmt große und lange Anstrengungen und investiert sehr viel Energie, Lebenszeit und Arbeit für Dinge, die sehr oft gar nichts mit monetären oder ökonomischen Gütern zu tun haben. Viele seiner Bemühungen hängen direkt mit seiner gesellschaftlichen Stellung, Akzeptanz und Anerkennung in seinem Umfeld bzw. Freundeskreis zusammen. Dies ist sehr gut zu beobachten bei vielen prominenten Menschen, die es im Laufe ihres Lebens zum ökonomischen Wohlstand gebracht haben und finanziell erfolgreich waren. Mit der Erfüllung des Bedürfnisses nach ausreichend großer Sicherheit und Reichtum kann man beobachten, dass zunehmend soziales und altruistisches Engagement auf die Tagesordnung tritt. Diese Tendenz ist evident und überall zu beobachten. Die zu klärende Frage in diesem Zusammenhang ist, ob der Grund hierfür tatsächlich im Interesse für die jeweilige Sache selbst ist, oder ob auch hier das eigentliche Interesse darin liegt, gesellschaftliche Akzeptanz zu erlangen. Damit wäre die altruistische Tätigkeit nur ein Mittel zum Zweck, um diese Akzeptanz zu erlangen und dadurch seine Bedürfnisse nach Glück (durch Anerkennung) zu stillen.

Im aktuellen gesellschaftlichen Zusammenhang ist hier auch die ökonomische Dimension der Einwanderung zu sehen. Hier gibt es zwei Bevölkerungsgruppen des Einwanderungslandes. Die einen, die von der Einwanderung dadurch profitieren, dass neue, frische Arbeitskräfte auf den Markt kommen. Dies ist verbunden mit einer Zusatznachfrage nach Konsumgütern, nach Wohnraum, nach Dienstleistungen. Das alles ist aus ökonomischer Sicht positiv zu bewerten.

Es gibt jedoch auch eine zweite Gruppe, die eindeutig und auch mit Recht Nachteile für sich in der Einwanderung sieht. Diese Nachteile manifestieren sich in Form von Konkurrenzzunahme um die Güter, die für diese Gruppe lebensnotwendig und wichtig sind. Es handelt sich hier insbesondere um die Arbeitsplätze mit weniger qualifizierter Arbeit, um Wohnraum im unterem Sektor des Marktes, um Dienstleistungen, die frei und ohne eine Qualifikation erbracht werden können, und um gesellschaftliche Aufstiegsmöglichkeiten, denn diese werden nun mit den neu zugekommenen Menschen geteilt.

Dies alles zusammengenommen führt zwangsläufig zu mehr Konkurrenz, zu mehr Teilung, zu mehr Enge, Risiko und Druck. Alle diese Aspekte sind bei einer gegeben menschlichen Konstitution negativ bewertet und sorgen somit für eine Ablehnung aus Selbstschutzzwecken. Um also eine Glückssteigerung zu verfolgen, muss eine breite Schicht einer Gesellschaft die Einwanderung aus ökonomisch-egoistischen Gründen ablehnen.

In diesem Zusammenhang spielt natürlich der bereits zuvor beschriebene Effekt der Verlustaversion beim menschlichen Verhalten eine große und nicht zu unterschätzende Rolle. Wenn Menschen ihre möglichen Verluste subjektiv wesentlich höher bewerten als die Chancen auf Gewinne, dann resultieren allein aus diesem Effekt heraus viele Ergebnisse, die derzeit in der Realität gut zu beobachten sind.

Die Verlustaversion

Die Angst vor Verlusten zwingt die Menschen auch oft zum unökonomischen und irrationalen Handeln. Für das menschliche Individuum gleicht sich nicht ein Verlust mit einem Gewinn in gleicher Höhe aus! Der Mensch bewertet (bewiesenermaßen in vielen Experimenten) seine Verluste wesentlich höher als seine Gewinne in gleicher Höhe. Auch die Chancen auf zukünftige Gewinne werden nicht richtig bewertet und in der menschlichen Entscheidungsfindung falsch „eingepreist" (Siehe dazu auch Abschn. 3.4.2).

》 Verluste wiegen bei Menschen emotional mehr als Gewinne in der gleichen Höhe.

Das ist nicht nur aus dem drastischen Beispiel weiter vorne mit den 3 Kindern ersichtlich. Man kann sich auch gut in die Situation hineinversetzen, in der z. B. das eigene Haus verkauft wird, in dem man lange und gerne gelebt hat. Auch eine Reduktion des Gehalts um 500 € wiegt viel mehr als eine Erhöhung um den gleichen Betrag. Der Eigentümer misst seinem Eigentum **immer** einen höheren Wert bei, als der neue Besitzer oder der Käufer. Dies belegen eindeutig auch Versuche in der Verhaltensforschung. Somit ist auch immer eine Differenz im Wertbegriff zu berücksichtigen und man darf unter keinen Umständen nur theoretische Marktwerte in ökonomischen Kalkulationen verwenden. Diese Tatsache zeigt auch ein weiteres ökonomisches Problem, z. B. im Zusammenhang mit der Kriminalität, Raub oder Krieg.

Beispiel:

Erbeutetes Gut ist für den Dieb immer weniger Wert, als für den ursprünglichen Eigentümer (aber meistens mehr wert als für einen potenziellen Käufer!). Der Dieb kommt zu seinem Diebesgut nicht einfach so. Er muss erhebliche Risiken eingehen und manchmal auch großes Geschick oder Intelligenz einsetzen, um ans Diebesgut zu kommen. Dieser „Einsatz" wird im geklauten Gut „eingepreist". Und gibt ihm einen gewissen „Wert". Er bekommt jedoch beim Verkauf des Gutes lediglich den üblichen Marktpreis, manchmal auch weniger, wenn der Käufer ein Risiko sieht und dieses ebenfalls „einpreist". Für den ursprünglichen Eigentümer ist der Schaden aber wesentlich höher, denn für ihn ist der Verlust aufgrund der persönlichen Bewertung des Gutes (Liebhaberwert/emotionaler Wert) wesentlich höher. Somit ist der Verlust für den Eigentümer größer als der Zugewinn für den Dieb und allein durch diesen Fakt entsteht ein wirtschaftlicher Schaden für die Gesellschaft, weil durch den Diebstahl Wert in der Gesamtwirtschaft vernichtet worden ist.

So ist z. B. auch illegal „verdientes" Geld vor der Geldwäsche im Durchschnitt nur 70–90 % „wert" als nach der „Legalisierung" und seiner Verbringung in den regulären Wirtschaftskreislauf. Deshalb werden auch Geldanlagen, welche helfen die (illegale) Herkunft des Geldes zu verschleiern, durch diesen Umstand attraktiv und somit auch in der Realität nachgefragt. Dies geschieht obwohl sie sonst rein ökonomisch keinen Sinn machen würden (weil sie z. B. ineffiziente und teure Organisations- und Verwaltungsstrukturen erfordern, welche erst aufgebaut und dann auch vorgehalten werden müssen, oder weil sie keine, oder nur sehr geringe, Renditen erbringen).

Die Ökonomie der Kriminalität

Kriminalität führt somit nicht nur gesellschaftlich, sondern auch ökonomisch zu viel stärkeren und negativeren Auswirkungen als bisher angenommen. Denn in der bisherigen Theorie ist z. B. der Diebstahl eines Gutes per se kein so gravierender und großer gesamtökonomischer Verlust/Schaden. Denn in der Gesamtwirtschaft hat sich nach der bisherigen Theorie in der Summe der Gesamtwerte nichts geändert: Das gestohlene Gut hat ökonomisch gesehen lediglich „den Besitzer gewechselt". Die Gesamtökonomie ist nach dem Diebstahl genauso arm oder reich wie vor dem Diebstahl. Zieht man jedoch die oben beschriebene unterschiedliche Bewertung des Gutes in Betracht, so wird offensichtlich, dass nach einem Diebstahl die gesamtwirtschaftliche Situation einen echten materiellen Verlust erleidet, in der Höhe der Differenz der Bewertung des gestohlenen Gutes durch den ursprünglichen Besitzer und der Bewertung durch den Dieb.

Dieser Fakt eröffnet eine neue Sichtweise, welche in diesem Zusammenhang in der ökonomischen Theorie noch nicht berücksichtigt wurde. Denn dadurch gibt es auch einen nicht zu unterschätzenden Einfluss auf den sogenannten „Pareto-besseren Zug". Dieser beschreibt die Relation eines erfolgten Verlustes zum erzielten Gewinn nach einer Veränderung im System. Diese Problematik sollte aber z. B. bei der Berechnung von Versicherungsrisiken und Prämien, von Kosten für Sicherheit oder von volkswirtschaftlichen Schäden unbedingt berücksichtigt werden!

Auch bei der Drogenkriminalität könnte die Ökonomie mit Berücksichtigung der Verhaltensanalyse gute und intelligente Instrumente liefern, um zu einer Verbesserung der Situation beizutragen. Denn auch hier spielt die menschliche Motivation für die Nachfrage und das Angebot der entsprechenden Drogen oder Stoffe die entscheidende Rolle:

Die Drogenkonsumenten (Nachfrager) sind bekanntermaßen von den Drogen abhängig. Das bedeutet, dass sie eine bestimmte Menge dieser Droge in einem bestimmten Zeitraum benötigen. Durch ihre Abhängigkeit ist die Nachfrage ökonomisch gesehen extrem unelastisch, was nichts anderes bedeutet, als dass sie die bestimmte Menge an Drogen benötigen – und zwar zu jedem Preis. Die Nachfrage ist somit relativ unabhängig vom Preis.

Das bedeutet wiederum, dass im Falle einer Preisänderung, kaum eine Veränderung der Nachfrage folgen würde. Denn es ist verständlich, dass niemand bei einer theoretischen Preisreduktion auf beispielsweise ein Zehntel des ursprünglichen Preises, die 10-fache Menge an Drogen konsumieren würde.

Der Drogenkonsum ist somit sehr unelastisch und eine Steigerung der Nachfrage ist nur möglich, indem man neue Konsumenten „akquiriert".

Diese Voraussetzungen sind ökonomisch gesehen optimal für eine Maximierung des Gewinns bei der Versorgung – also beim Angebot des nachgefragten Guts. Hier ist verständlicherweise das Interesse gegeben, das angebotene Gut für den maximal höchst möglichen Preis zu verkaufen.

Da die Konsumenten bereit sind (bedingt durch ihre Abhängigkeit), alles was sie haben für das Gut (Drogen) zu bezahlen, bezahlen sie genau diesen (maximalen) Preis dafür. Das ist eine Folge der Preisbildung auf Basis des Gesetzes von Angebot und Nachfrage.

>> Der Grund, warum das Drogenproblem gesellschaftlich nicht unter Kontrolle zu bringen ist, ist der, dass die Gesellschaft die denkbar ungeeignetsten Instrumente einsetzt, um es zu lösen. Ungeeignet sind die Instrumente deswegen, weil sie in keiner Weise die Interessen und Motivationen der beteiligten Gruppen berücksichtigen.

Denn die Verhängung von Haftstrafen und strengen Regeln wirkt aus vielerlei Gründen bei diesem Problem nicht:

- Einerseits wird Angebot, Verkauf und Vertrieb des Guts von Menschen organisiert, die offensichtlich sowieso wenig – oder gar nichts – von irgendwelchen moralischen oder ethischen Grundsätzen halten, geschweige denn von einer staatlichen oder sozialen Rechtsordnung.
- Zum anderen kommen oft diese Menschen bereits aus einem kriminellen Milieu, und sind somit durch Haft, Gefängnis und Bestrafungen weniger ängstlich als der Durchschnittsbürger.
- Und zu allerletzt – und das ist vielleicht der wichtigste Aspekt – führen Verbote, strengere Strafen und somit ein höheres Risiko für die Anbieter und Verkäufer dazu, dass das Gut einerseits noch limitierter wird und somit begehrter, aber vor allem teurer. Dies ist aus zwei Gründen der Fall:

  1. weil eine Art „Risikoaufschlag" für die Beschaffung draufgeschlagen wird und
  2. weil es schwieriger zu beschaffen sein wird.

Dies alles führt zwangsläufig zu noch höheren Preisen und dadurch zu noch höheren Gewinnen auf der Angebotsseite und somit zu einer sehr hohen Motivation (=Anreizsetzung) zur ökonomischen Gewinnmaximierung, also zum Interesse und Ansporn die Geschäftstätigkeit noch weiter auszuweiten. Diese ist, wie anfänglich erläutert, nur dadurch möglich, indem man neue Konsumenten für das Gut Droge gewinnt.

Und somit schließt sich der Kreis der katastrophalen Politik des Staates gegen das Drogengeschäft:

Die Anbieter werden letztendlich durch den Einsatz der falschen Instrumente dazu motiviert, immer weiter ihr Geschäft auszuweiten und immer weiter neue Konsumenten durch beispielsweise „kostenloses Ausprobieren" zu gewinnen.

Würde hier der Staat die Grundregeln des Verhaltens und der Motivation von Menschen berücksichtigen, so müsste er mit einem ganz anderen Ansatz versuchen das Drogenproblem zu lösen.

Der Schlüssel wäre hier, dafür zu sorgen, dass mit dem Gut „Drogen" nicht viel Geld zu verdienen ist. Dazu gibt es zwei Wege:

a) Auf der Angebotsseite durch die Schaffung einer Konkurrenzbezugsquelle, z. B. durch Apotheken und
b) Auf der Nachfrageseite durch eine Betreuung der Betroffenen und deren Versorgung bzw. dem Zur-Verfügung-Stellen von Ersatzpräparaten.

Auch ein Mix von beiden Alternativen ist möglich und führt zwangsläufig zu einer drastischen Reduktion der Nachfrage – Gefolgt vom Preisverfall des Guts, gefolgt vom Gewinneibruch der Dealer und Händler und schließlich gefolgt vom Verlust sich in diesem „Geschäft" zu engagieren.

Selbstverständlich müssten die betroffenen Konsumenten durch organisierte Maßnahmen versorgt werden. Die gesellschaftlichen Kosten hierfür würden jedoch nur einen Bruchteil dessen betragen, was heute gegen die organisierte Kriminalität im Drogengeschäft ausgegeben wird.

Der größte Vorteil aber würde in der Tatsache liegen, dass nicht immer wieder neue Menschen absichtlich, nur aufgrund von wirtschaftlichen Interessen von Kriminellen, süchtig gemacht werden.

Eine ähnliche Problematik liegt auch anderen Arten der Kriminalität zugrunde. Basierend auf der Theorie der Motivation und der Beweggründe, also des menschlichen Antriebes, könnten bei der Berücksichtigung dieser Theorie und dann dementsprechend auf deren Basis ausgearbeitete holistische Lösungen viel effektivere und bessere Ergebnisse bei der Bekämpfung der organisierten Kriminalität erzielt werden, als auf der alleinigen Basis von strenger und harter Bestrafung. Denn speziell im Bereich von Terrorismus ist es bekannt, dass Strafen keinerlei abschreckende Wirkung haben – im Gegenteil, sie werden manchmal sogar von den kriminellen als eine Art von Auszeichnung angesehen.

Wenn also der Mensch in der Realität kein Homo Oeconomicus ist, sondern eher ein „Homo Interesticus" oder „Homo Incentivicus", dann muss man analysieren, was genau die Interessen, Anreize und die Beweggründe sind, die die Menschen dazu motivieren, diese Straftaten zu begehen.

Der erste Schritt zur Lösung des Problems wäre also eine möglichst objektive und genaue Analyse der Gesamtumstände und des Umfelds, um zu verstehen, was denjenigen dazu bewegt und wodurch sie motiviert werden ein bestimmtes Verbrechen zu begehen. Was sind die „Incentives", die diese Menschen aus dem Verbrechen ziehen. (Beispielsweise glaubt ein Attentäter, in den Himmel zu kommen, wenn er einen Anschlag verübt und unschuldige Menschen tötet).

Nachdem geklärt werden würde, warum Menschen so handeln, müssten in der weiteren Folge die genauen Gründe analysiert werden, warum gerade diese Motive und Incentives für die Betroffenen gelten. (In diesem Beispiel: Was ist der Grund dafür, sein Leben beenden zu wollen und in den Himmel kommen zu wollen) Denn nur wenn diese Beweggründe bekannt sind, können sie auch eventuell beseitigt, beziehungsweise geändert werden. Denn das ist der eigentliche Kern einer wirklichen und nachhaltigen Lösung.

Ein genaues Verständnis für die Gründe der Handlungsmotive ist die notwendige Voraussetzung für eine Ausarbeitung von Möglichkeiten, wie diese Gründe eliminiert werden können, beziehungsweise in eine andere Richtung umgeleitet werden können. Das heißt konkret, wie diese Gründe und Incentives „umbewertet" werden können. (Im hiesigen Beispiel wäre somit die Frage zu klären, warum jemand so wenig Lebensmut, Lebenswillen und Anreiz hat, um weiterzuleben und es deshalb vorzieht/präferiert, sein eigenes Leben zu beenden in der Hoffnung/Glauben, dass es ihm danach besser gehen wird, also, dass er glücklicher und erfüllter [weiter-]leben wird).

Im nächsten Schritt müsste dann also die Suche nach den Faktoren folgen, die geeignet sind, eine Veränderung der zuvor identifizierten Gründe zu erzielen. Es würde nichts nützen, eine gute Analyse des Problems zu haben, alle Faktoren zu kennen, aber nicht zu wissen, wie man die Situation verändern kann. Deshalb ist dieser Schritt nach der Suche der richtigen und wirksamen Faktoren, die eine Veränderung der Gründe möglich machen, von großer Bedeutung. (Im gezeigten Beispiel könnte vielleicht so ein

Ergebnis der Analyse sein, dass es sich um Ausgrenzung, Ungerechtigkeitsgefühl, Diskriminierung, Hoffnungslosigkeit, Minderwertigkeitsgefühle, Armut usw. handelt und dadurch bestimmte Menschengruppen die Zuversicht und Lebensmut verlieren und beginnen nach „Alternativen" für sich zu suchen).

Hat man die entsprechenden Faktoren identifiziert, dann wäre im letzten Schritt dieses Lösungsansatzes die entsprechende und richtige Umsetzung, also die Implementierung der zuvor identifizierten Lösung. Die Umsetzung ist also dann die konkrete Arbeit, die dazu führen wird die Gesamtsituation und Umstände nach und nach zu verändern und zu verbessern, damit keine Menschen mehr irgendeine Art von Motivation beziehen, unerwünschte Handlungen (=Anschläge) durchzuführen. (Konkret: Welche Maßnahmen sind geeignet und wirksam, um bestimmten zuvor identifizierten Gruppen von Menschen mehr Hoffnung, Glück und Zuversicht zu geben um sie davon abzubringen, ihr Leben und das der anderen zu achten und nicht zu beenden um ins Paradies kommen zu wollen).

Es ist offensichtlich, dass diese Art von Problemlösung nicht „auf Knopfdruck" funktioniert. Es ist ein längerer Prozess der allerdings wesentlich wirkungsvoller und nachhaltiger ist als alles andere, was derzeit zur Verfügung steht und angewendet wird.

Parallel zu der Umsetzung wäre es ratsam, eine passende Messmetrik zu entwickeln, mit der man eine Messung und Verfolgung der erzielten Ergebnisse bewerten könnte. Im Idealfall könnte dann eine derartige Messmetrik auch dazu beitragen, bei der Implementierung weiteres

Verbesserungspotenzial zu identifizieren und noch genauer zu erkennen, an welchen Stellen bei der Umsetzung nachzubessern ist.

>> Zusammengefasst lassen sich also generell motivationsbedingte Handlungen durch die folgenden Schritte beeinflussen oder steuern:

- Motivation verstehen (Warum tut jemand etwas?)
- Analyse der Gründe (Was sind die Gründe für seine Motive?)
- Suche nach Faktoren zur Veränderung der Gründe (Was verändert seine Gründe?)
- Implementierung der identifizierten Faktoren
- Laufende Überwachung und Messen der Ergebnisse mit punktueller Anpassung

Verhaltensforscher haben beispielsweise herausgefunden, dass bei illegalen Organisationen, wie beispielsweise Kartellen, oder bei kriminellen Organisationen wie beispielsweise der Mafia, es erstaunlicherweise seitens deren Mitglieder eine teilweise sehr stark ausgeprägte Präferenz gibt, sich an gegebene Regeln zu halten. Diese Erkenntnis wird durch die Theorie gestützt welche besagt, dass jede erdenkliche Organisation nur dann gut funktionieren kann, wenn sie klare Regeln hat und diese auch von den Mitgliedern getragen und eingehalten werden. Somit gibt es auch eine Art Codex oder Verhaltensregeln.

Der springende Punkt dabei ist der, dass das Einhalten von beispielsweise gesetzeswidrigen Absprachen eines Kartells und das faire Handeln untereinander nicht zum Wohle der Gesellschaft führt. Es führt immer nur zum Wohle der jeweiligen kleinen Gruppe oder Organisationseinheit.

Ein sehr ähnlicher und bekannter Effekt ist das strikte und strenge Einhalten von internen Regeln bei kriminellen und mafiaähnlichen Organisationen. Hier gibt es klare Regeln, klare Strukturen, klare Befehlshierarchien und diese werden auch respektiert und eingehalten.

Somit muss man zwangsläufig aus dieser Erkenntnis den Schluss ziehen, dass Mitglieder von gesetzeswidrigen und illegalen Organisationen durchaus in der Lage sind und auch die Motivation und Präferenz haben, Regeln, Gesetze und Vorschriften zu respektieren und einzuhalten. Auch wenn diese Regeln nicht die eines Staates oder eines Lindes sind, sondern die einer anderen Organisationsstruktur. An der Tatsache selbst, dass es Beweggründe für Menschen gibt zur Einhaltung von bestimmten sozialen Normen, ändert dies nichts.

Akzeptiert man dieses Ergebnis, dann muss die Frage gestellt werden,

Fragen

warum diejenigen Menschen, die solchen Organisationen
angehören die sozialen Normen dieser Organisation befolgen und nicht die des Staates?

Es muss Gründe geben, die diese Menschen haben, die
ihre Präferenzen dahin gehend verändern, dass sie es vorziehen die Normen einer illegalen Organisation zu befolgen anstatt die Normen eines Landes.

Da der Mensch ein nach Glück und Zufriedenheit stre-
bendes Wesen ist und sein Zugehörigkeitsgefühl zu einer
Gemeinschaft und Ansehen in der Gesellschaft für ihn
wichtige glücksbringende Faktoren sind, liegt es nahe zu
vermuten, dass das Zugehörigkeitsgefühl das ausschlagge-
bende Kriterium ist, für welche Gesellschaftsordnung oder
Organisation sich ein Individuum entscheidet. Diejenige
Organisation also, in der sich das Individuum am besten
aufgehoben fühlt, zu welcher es sich hingezogen fühlt und
in welcher es anerkannt werden möchte bringt subjektiv
für ihn durch Anerkennung die größte Genugtuung. Und
für die entscheidet er sich auch. Als Konsequenz befolgt er
auch die Regeln dieser Organisation und präferiert diese
Regeln vor denen, der zivilen Gesellschaft eines Landes.

Kleinere Organisationsstrukturen verstehen es auch
sehr gut, ihre Mitglieder sehr gut, sehr schnell und sehr
effektiv zu integrieren. Die Integration hingegen bei großen staatlichen Organisationen ist weitaus schlechter. Hier
ist in einer nicht gelungenen Integration eine der Haupt-
ursachen der aktuell vorliegenden Probleme zu suchen.

Denn insbesondere heute, in der globalisierten und hoch mobilen Welt mit Massenwanderungen (sei es aus ökonomischen Gründen oder aus politischen Gründen oder aus Gründen von Verfolgung oder Krieg), steigt die Anzahl von suchenden beziehungsweise aus der bekannten Heimat oder der heimischen Struktur entrissenen Menschen rasant an. Der Mensch ist jedoch ein Herdentier und sucht instinktiv immer nach Zugehörigkeit zu einer Gruppe. Und wenn es für ihn verschiedene Alternativen gibt, dann schließt er sich im Zweifelsfalle der Gruppe an, die es ihm am einfachsten macht integriert und aufgenommen zu werden, beziehungsweise der Gruppe an, in der er sich heimisch fühlt und von der er respektiert wird.

Somit ist es nicht abwegig von einer Art „Wettbewerb der Integration" zu sprechen, zwischen den verschiedenen Organisationen, die teilweise auch offensiv um neue Mitglieder werben. Es geht um Geld, Macht, Strategie und Einfluss. Auch das ist Ökonomie. Das ist die hier behandelte spannende Schnittstelle zwischen gleich mehreren Disziplinen wie Ökonomie, Soziologie, Psychologie und Rechtswissenschaft. Hier kann bei solchen und ähnlich gelegenen Fragestellungen die Ökonomie sehr gute Lösungen und Lösungswege anbieten.

Nachdem also in unserer Gesellschaft nun offensichtlich zahlreiche kriminelle Organisationen existieren und zunehmend an Macht gewinnen, muss man sich diesem Problem stellen. Die wichtige Frage bleibt die,

Fragen

welche Gründe man den Menschen bietet und wie man die eigenen sozialen Normen ausgestaltet, um „Suchende" (dies können labile Menschen, entwurzelte Menschen, enttäuschte Menschen, nicht integrierte Menschen sein) dazu zu bewegen (=motivieren), die aus unserer Sicht richtigen Normen zu befolgen und Gutes zu tun?

Um diese Frage fundiert zu beantworten, kann man bestimmte Effekte studieren.

Eine Veränderung der subjektiven Prioritäten der Menschen ist abhängig von deren Selbstverwirklichungsgrad auf der Bedürfnispyramide

Im Abschn. 3.3 wurde die Theorie der menschlichen Bedürfnisse analysiert und die Bedürfnispyramide nach Maslow vorgestellt. Dieser Theorie muss in der Realität entsprechend Rechnung getragen werden. Denn es ist offensichtlich, dass Menschen auf unterschiedlichen Stufen bei der Erfüllung ihrer Bedürfnisse auch unterschiedliche und teilweise auch sehr gegensätzliche Wünsche und Motivationen haben. Aus vielen Beispielen in der realen Welt ist klar zu beobachten, dass Individuen, nachdem sie sich durch ökonomisch bedingtes Handeln eine wirtschaftlich robuste und abgesicherte Existenz aufgebaut haben, ihre Bedürfnisse dahin gehend verlagern, dass sie vermehrt die gesellschaftliche und soziale Anerkennung suchen und sie sich also von einem früheren Egoisten nach bestimmter Zeit zu einem altruistisch handelnden

Individuum entwickeln. Diese Entwicklung müsste in der Ökonomie berücksichtigt werden.

Wertschätzung bildende Faktoren

Die menschliche Wertschätzung für Dinge und Präferenzierung von Entscheidungen ist sehr beeinflussbar und abhängig von vielen Faktoren. Wie zuvor an vielen Stellen und Beispielen gezeigt, ist der Mensch nicht ein rationales, sondern ein höchst irrational denkendes und irrational handelndes Wesen. Seine Präferenzbildung wird von zahlreichen Faktoren beeinflusst und kann stark manipuliert werden. Er bewertet für sich subjektiv Dinge und Entscheidungen äußerst irrational und abhängig von seinem Umfeld und seinen Randbedingungen. Somit muss diesem Fakt Rechnung getragen werden und es kann nicht die Annahme des Homo Oeconomicus aus der ökonomischen Theorie ohne weiteres auf die Realität übertragen werden.

Ein bewiesenes Phänomen welches in diesem Zusammenhang erwähnt werden muss, ist der bereits mit der Beeinflussung der menschlichen Wertschätzung zusammenhängende sogenannte

IKEA-Effekt (Norton 2009)

Der Wissenschaftler Michael Norton hat den sogenannten IKEA Effekt geprägt. Dieser ist vergleichbar mit dem zuvor beschriebenen Endowment-Effekt (deutsch Besitztumseffekt), welcher besagt, dass Individuen dazu tendieren, ein Gut wertvoller einzuschätzen, wenn sie es besitzen. Beim IKEA-Effekt wird der Zuwachs an Wertschätzung für Produkte beobachtet, die von den Menschen selbst entworfen oder wenigstens selbst zusammengebaut werden, im Vergleich zu fertig gekauften Massenprodukten. Michael Norton konnte zeigen, dass durch die in Eigenarbeit durchgeführte Zusammensetzung oder Montage von Massenartikeln quantitativ eine ähnlich hohe Wertschätzung erreicht wird wie durch Spezialisten individuell angefertigte Einzelartikel.

Michael Norton hat in wissenschaftlichen Experimenten Probanden fertige zusammengebaute Möbel begutachten lassen und dann diese anschließend nach Anleitung selbst zusammenbauen lassen. Danach mussten sie Preisangaben für beide Arten der Möbel machen. Es kristallisierte sich eine starke Präferenz für die selbst zusammengebauten Möbel heraus.

Diese Tests wurden mit Origami-Figuren oder mit dem Zusammenbau von einfachen Bausätzen mit Partnern wiederholt und bestätigten immer das gleiche Ergebnis.

Bereits in den 50er Jahren fand eine Untersuchung in den USA statt, welche den späteren IKEA-Effekt nahelegt. Damals wurde die ablehnende Haltung gegenüber bestimmten Backmischungen der amerikanischen Hausfrauen untersucht. Diese Backmischungen wurden durch die Hausfrauen als zu banal und zu einfach angesehen und wurden deswegen nicht gekauft.

Erst durch die geänderte Werbebotschaft im Sinne der Unterstreichung der Eigenleistung der Hausfrauen durch Zugabe von frischen Eiern, frischer Milch und aufwendiger Dekoration des gebackenen Kuchens wurde das Backpulver vermehrt nachgefragt.

Im Jahr 2010 publizierten Wissenschaftler der Johns Hopkins University eine erstaunliche Laborstudie, welche diesen Effekt sogar beim Verhalten von Tieren nachweist. Sie beobachteten Mäuse im Experiment, denen sie eine Auswahl von zweierlei Nahrungsquellen anboten:

Damit die Tiere an eine zuckerhaltige Flüssigkeit gelangen zu können, mussten sie je nach Geschmacksrichtung den Hebel A oder B drücken. Danach wurde für eine der Geschmacksrichtungen der Aufwand dahin gehend erhöht, dass die Tiere den Hebel bis zu 15x öfter drücken mussten als den anderen Hebel, um an die entsprechend schmeckende Flüssigkeit zu gelangen. Für die andere Geschmacksrichtung blieb der Aufwand immer konstant. Nach der Rückversetzung in den Heimatkäfig zeigten die Tiere erstaunlicherweise eine starke Präferenz für die Geschmackrichtung, für die sie härter arbeiten mussten.

Denkt man über diese Ergebnisse nach und versucht sie mit eigenen Erfahrungen und Beobachtungen zu vergleichen, dann stellen sich zwangsläufig jedem an diesem Effekt Interessierten einige Fragen:

Fragen

Freut sich nicht ein Tennisspieler nach einem vierstündigen und 7:6, 6:7, 7:6 gewonnenen Spiel viel mehr über den hart erkämpften Sieg als über einen Sieg mit 6:0, 6:0 nach gerade mal zwanzig Minuten?

Fragen

Freuen sich Fußballspieler bei einem harten endlosen Spiel mit zwei Verlängerungen und am Ende in einem knappen Elfmeter Schießen gewonnenen Spiel mehr als über einen leichten Sieg von 4:0 innerhalb der regulären Spielzeit?

Fragen

Freut sich ein Schüler oder Student nicht über eine knapp bestandene Prüfung, für die er monatelang hat lernen müssen, mehr als über eine, die ihm ohne großen Lernaufwand „geschenkt" wird?

Es ist naheliegend, dass hier die Antworten auf der Hand liegen. Man kann sich fragen, ob es diesbezüglich auch wissenschaftliche Untersuchungen und Experimente geben muss. Tatsache ist jedoch, dass genau diese Art und Weise der Wertschätzung – also folglich auch der Präferenzbildung – signifikante Auswirkungen auf die Ökonomie und die in der Ökonomie aufgestellten Theorien hat.

Für den Homo Oeconomicus sind diese Antworten auch klar und eindeutig. Sie fallen jedoch genau entgegengesetzt zu denen der realen Menschen, also die des „Homo Interesticus" oder „Homo Incentivicus", aus. Damit geht die klassische ökonomische Theorie von Annahmen aus, die nicht der Realität entsprechen – und liefert demzufolge Ergebnisse aus ihren Modellen, die nicht auf die reale Welt zu übertragen sind – weil sie für diese reale Welt nichtzutreffend sind.

Um bei diesem Beispiel der Bildung der Wertschätzung für bestimmte Dinge zu bleiben, kann man versuchen auch die andere Seite zu untersuchen. Die Seite mit Gütern, die für den Menschen keine Mühe oder keine Kosten verursachen und die er praktisch frei und ohne Aufwand bekommt.

Hier stellt sich bei einer Analyse die Frage, ob die Dinge oder die Güter die für den Menschen zur freien Verfügung stehen und für deren Konsum er nichts tun, nichts bezahlen oder nichts beitragen muss, keinen, oder zumindest nur einen sehr geringen Wert darstellen. Ist also damit die Aussage wahr: „Was nichts kostet, ist nichts wert"?

In gewisser Weise scheint diese generelle Aussage teilweise einer Bestätigung in der Beobachtung zu finden, denn bei den oben gezeigten Beispielen wird deutlich, dass Dinge, die einen sehr großen Aufwand, Energie oder Leistung kosten, sehr geschätzt werden. Was selten und unzugänglich ist, wirkt Status bildend und Status fördernd und macht den Menschen somit „glücklich". Der Wert und die Wertschätzätzung leitet sich hierbei nicht nur vom reinen Marktpreis ab, sondern auch vom Aufwand, der betrieben werden muss, um das begehrte Gut zu erreichen. Allerdings scheint einiges mehr hinter diesem Mechanismus zu liegen. Denn bei Untersuchungen mit Placebo-Präparaten konnte eindeutig nachgewiesen werden, dass Mittel, die besonders schlecht schmeckten, besonders groß waren, als besonders selten oder teuer den Probanden „verkauft" worden sind oder besonders schwer zum Herstellen waren, die größte und beste Wirkung entfalteten. Daraus kann man durchaus folgern, dass der Mensch generell höhere Erwartungen hat an Dinge, deren Zugänglichkeit limitiert und nur mit Aufwand zu beschaffen ist und eine niedrigere an Dinge, die er leicht bekommen kann. Somit kann auch der Schluss gezogen werden, dass das Maß am Glücksempfinden des Menschen einen direkten Zusammenhang hat mit Preis oder Aufwand für das zugrunde liegende Gut. Wobei die Qualität hierbei anscheinend eine zweitrangige Rolle spielt, wie wir beim Beispiel des Ankereffekts oder Framings gesehen haben (hier war für die Bestimmung des Preises nicht das Gut selbst, sondern davon komplett unabhängige Faktoren maßgeblich).

Diese Fragen führen zu einer komplexeren und differenzierteren Betrachtung des Sachverhalts.

Es gibt Güter, die tatsächlich nichts kosten, frei verfügbar sind und praktisch grenzenlos konsumiert werden können. Sie haben dadurch auch keinen „Marktpreis". Sind sie aber dadurch auch für den Menschen automatisch „wertlos"?

Wenn man bedenkt, dass Güter wie Trinkwasser oder Luft zum Atmen in diese Kategorie der Dinge fallen, dann wird schnell deutlich, dass diese Güter für den Menschen lebensnotwendig sind und daher wichtiger sind, als beispielsweise Gold und Diamanten. Diese sind im Gegensatz dazu zwar sehr begehrt und haben einen exakten Marktpreis (=bemessenen Wert), der sogar im Vergleich zu anderen Gütern sehr hoch ist, haben aber trotzdem für den Menschen im Grunde keine essenzielle Wichtigkeit.

Berücksichtigt man bei der Betrachtung dieses Sachverhalts die zuvor festgestellten Fakten im Zusammenhang mit dem Wunsch der gesellschaftlichen Anerkennung und Status, so könnte man durchaus zu dem logischen Schluss kommen, dass diese für jedermann freie Güter (wie beispielsweise Wasser) zwar wichtig sind (lebensnotwendig) aber keinen zusätzlichen gesellschaftlichen Status für den Konsumenten bringen. Nachdem sich anscheinend der Wert (hier im Sinne der Wertschätzung für den Konsumenten) eines Produkts maßgeblich aus dem Marktpreis ableitet, werden teure nicht für jedermann zugängliche Produkte (auch wenn diese keine Funktion haben) höher wertgeschätzt als andere, die zwar lebensnotwendig sind aber nichts kosten und daher für jeden zur Verfügung stehen. Dadurch bringen sie nicht den gesellschaftlichen Status, der aber eine Voraussetzung zu sein scheint für die tatsächliche Wertschätzung eines Gutes. Diese Vermutung bestätigen übrigens auch Beobachtungen aus anderen Kulturen, in denen das Wasser sehr knapp ist und dadurch nicht für jedermann frei zugänglich. Dort ist es durchaus Status bildend im Besitz von Wasser zu sein und somit wird auch das Produkt Wasser ganz anders wertgeschätzt. Dadurch wird im Umkehrschluss auch deutlich, warum das subjektive Glücksempfinden für etwas Bestimmtes von dem dafür zu zahlenden Preis abhängt.

An diesem Beispiel soll die in der Ökonomie existierende Problematik verdeutlicht werden, welche mit dem Wertbegriff selbst, also mit dem Thema der Wertbildung, Preisbildung, Bemessung des Nutzwerts usw. zusammenhängt.

In der klassischen ökonomischen Theorie werden solche Differenzierungen durch den Homo Oeconomicus nicht gemacht. Dort gibt es nur einen, klar definierten Wertbegriff und das ist der Marktwert. Der Wert eines Guts, der am transparenten Markt durch das Angebot und die Nachfrage gebildet wird. Dies entspricht freilich nicht im Geringsten der tatsächlich in der realen Welt vorliegenden Problematik der Bestimmung des Werts eines Guts für das menschliche Individuum.

Marktteilnehmer (Menschen) neigen in der Realität auch allgemein dazu, Gewinne lieber gleich und möglichst schnell zu realisieren,
anstatt diese in die Zukunft zu verschieben und somit diese durch Konsumverzicht (oder Geduld) zu maximieren. Dies

tun sie auch dann, wenn es wirtschaftlich nicht rational ist. Diese Tatsache hat die Verhaltensforschung wissenschaftlich in Experimenten nachgewiesen. Die Zukunft wird von Menschen immer mit Unsicherheit gleichgesetzt. Diese Unsicherheit überbewertet er signifikant. Gewinne heute werden daher viel höher bewertet als Gewinne morgen, auch dann wenn die morgigen Gewinne überproportional höher wären. Diese Tatsache wird z. B. bei Zinsberechnungen, Pricing- oder Lohnmodellen sowie Investitionsrechnungen in der Ökonomie überhaupt nicht berücksichtigt und die Theorien gehen somit von nicht richtigen Voraussetzungen aus.

Der Wertbegriff

Der Wertbegriff selbst, in der ökonomischen Theorie ist nicht eindeutig geklärt und gibt oft Anlass zur Kritik. In Wirklichkeit gibt es viele verschiedene „Werte", die sich teilweise signifikant voneinander unterscheiden und trotzdem hat jeder von Ihnen eine plausible Begründung und Daseinsberechtigung. So redet man z. B. vom Nutzwert, Marktwert, Herstellungswert, Grenznutzenwert, Zeitwert, Wiederbeschaffungswert, Liebhaberwert, Wiederherstellungswert, usw. Je nach Zusammenhang muss man zur Situation den passenden Wert heranziehen, um zum plausiblen Ergebnis zu kommen. Die ökonomische Theorie operiert in den meisten Fällen jedoch nur mit dem Marktwert (bzw. Börsenwert) oder Grenznutzenwert. Oft wird auch der Preis mit dem Wert verwechselt. Wie bereits gezeigt, gibt es lebensnotwendige Güter, die also für das menschliche Leben notwendig sind und deshalb sehr wertvoll sind, und trotzdem wenig kosten – also einen niedrigen Preis haben. Deswegen sind solche Güter aber nicht wenig wert oder sogar wertlos. Daraus folgt die Erkenntnis, dass man den Wert eines Gutes nicht vom Marktpreis ableiten darf. Das macht die Diskrepanz zwischen Marktpreis und Wert deutlich und zeigt die Notwendigkeit hier dementsprechend auch zu unterscheiden. In einer Theorie, die jedoch von reinen Marktpreisen oder Marktwerten ausgeht, wird man in der Realität fehlerhafte Ergebnisse bekommen. Denn die Heranziehung von nicht passenden „Werten", z. B. bei der Preistheorie, führt zwangsläufig zu fehlerhaften Resultaten.

Eine weitere Problematik in der ökonomischen Theorie gibt es bei der langfristigen Betrachtung des Zinses.

Die Zinsproblematik

Diese uralte Problematik in der ökonomischen Theorie ergibt sich bei der Analyse und der langfristigen Auswirkung des Zinses. Zinsen sind in der Wirtschaft Beträge, die für zur Verfügung gestelltes Geld/Kapital zu entrichten sind. Es ist also der Preis für die Überlassung von Geld, den der Schuldner dem Gläubiger für die Überlassung zu zahlen hat.

Dies ist soweit klar und schlüssig. Versucht man jedoch zu analysieren, was die Grundlage dieses Preises für das zur Verfügung gestellte Kapital ist und wie sich dieser Preis für das zur Verfügung gestellte Kapital bildet bzw. zusammensetzt und vor allem was die Konsequenzen daraus sind, dann wird man zu erstaunlichen Ergebnissen kommen:

Was ist die Rechtfertigung/der Grund für das Verlangen von Zinsen für verliehenes Geld? Aus der ökonomischen

Sicht gibt es gleich mehrere schlüssige Antworten auf diese Frage:

- Der Zins könnte der Preis für den Konsumverzicht des Gläubigers sein. Wenn er sein Geld verleiht, so kann er es selber nicht verwenden/ausgeben, um seine eigenen Bedürfnisse und Wünsche zu befriedigen. Er muss daher auf diese verzichten, oder sie in die Zukunft verschieben und diesen Verzicht lässt er sich in Form eines Preises/Zinses bezahlen. Problem dabei: Was ist mit Gläubigern, die so wohlhabend sind, dass sie über genügend Mittel/Geld verfügen und durch das Verleihen keinen Konsumverzicht deswegen ausüben müssen? Gläubiger, die in diese Kategorie fallen, würden demnach durch Zinseinnahmen sogenannte ökonomische Gewinne erwirtschaften, weil sie Einnahmen generieren obwohl sie dafür nichts tun müssen.
- Der Zins könnte als Inflationsausgleich angesehen werden. Da Inflation in der Wirtschaft existiert, könnte man Zinsen für verliehenes Geld als eine Art Ausgleich ansehen. Problem dabei: Erstens wäre das Geld des Gläubigers auch bei einem Nichtverleihen der Inflation in der Wirtschaft ausgesetzt und zweitens sind die Zinsen für verliehenes Geld immer wesentlich höher als die in der Wirtschaft vorhandene Inflation.
- Der Zins könnte als eine Risikovergütung angesehen werden für den Gläubiger. Denn der Gläubiger trägt ohne Zweifel ein Risiko, welches darin besteht, dass er sein Geld, welches er dem Schuldner zur Verfügung gestellt hat, nicht wieder bekommt, oder nur teilweise wiederbekommt, weil der Schuldner zahlungsunfähig

wird. Problem dabei: Schuldner hinterlegen sehr oft Sicherheiten. Diese unterliegen einer bestimmten Bewertung. Somit wird das Ausfallsrisiko der Gläubiger relativiert bzw. verringert. Die Frage ist, ob die Höhe des Zinssatzes für das Restausfallsrisiko des Schuldners gerechtfertigt ist.

- Der Zins könnte als Entschädigung für den Bearbeitungsaufwand und Organisation (z. B. Akquisition, Werbung, Zeit, usw.) des Gläubigers angesehen werden. Problem dabei: Die Frage ist, ob die Höhe des Zinssatzes für die Aufwände des Schuldners gerechtfertigt ist.

- Der Zins könnte als eine Mischung der oben genannten Gründe angesehen werden. Problem dabei: Da jeder Gläubiger andere Voraussetzungen mitbringt und anders aufgestellt ist, müsste es viele unterschiedliche Zinssätze in der Wirtschaft geben, die alle sehr komplex und intransparent zu ermitteln sind.

Doch nicht nur die Zinsursache und Zinshöhe selbst birgt eine Problematik. Es sind vielmehr die Konsequenzen aus den generierten Zinseinnahmen, welche wieder neu verliehen werden und dadurch ein Szenario bilden, welches nicht ohne Beachtung bleiben darf:

Werden durch verliehenes Geld erwirtschaftete Zinsen erneut eingesetzt um weitere, neue Zinsen zu generieren, dann spricht man in der Wirtschaft von Zinseszinsen. Die Folge dieser Zinseszinsen ist ein exponentiell verlaufender Effekt auf der Einnahmeseite der Gläubiger und dementsprechend bei den Verbindlichkeiten der Schuldner. Durch Zinseszinsen steigen somit Vermögen und/oder Schulden exponentiell.

Dieses exponentielle Wachstum hat gravierende Konsequenzen. Wie dramatisch diese sind, zeigt eine vor vielen Jahren publizierte Beispielrechnung des Ökonomen und Philosophen Richard Price (An appeal to the public, on the subject of the national debt, 1772) Die Berechnung zeigt absolut exakt und korrekt den Wert, den ein einziger Cent erwirtschaftet, wenn er vor 2000 Jahren angelegt worden wäre – also in der Geschichte der Menschheit vor nicht einmal allzu langer Zeit (zu der man übrigens schon lange mit Zinsen und Zinseszinsen gearbeitet hat):

Diese anschauliche Berechnung für das Jahr 2000 zeigt die Größenordnung des exponentiellen Wachstums des Kapitals, wie sie in dem obigen Beispiel beschrieben wurde.

Man geht von folgenden Annahmen aus:

- Im Jahr 0 wird der Betrag von 1 Cent (=0,01 €) angelegt.
- Das Geld wird für genau 2000 Jahre angelegt.
- Die Geldanlage und die Zinsgewinne bleiben bis zum Ende des Zeitraums auf einem Sparkonto und werden mit 5 % verzinst.

Die Berechnung erfolgt mit der allgemeinen Formel für Zinsen und Zinseszinsen, mit der in der Finanzwelt gearbeitet wird:

$$K_n = K_0 \left(1 + \frac{p}{100} \right)^n$$

K_n = Endkapital (was am Ende der Laufzeit ausbezahlt wird)

K_0 = anfängliches Kapital (Betrag der eingesetzt wird, also beispielsweise die Höhe des Kredits oder der Anlage, in unserem Beispiel 1 Cent)

n = Laufzeit der Schulden oder der Anlage (Anzahl der Jahre)

p = der vereinbarte Zinssatz (5 % pro Jahr).

Nach 2000 Jahren wird aus einem einzigen Cent durch fünfprozentige Verzinsung eine Summe von.

23. 911. 022. 046. 135. 520. 000. 000. 000. 000. 000. 000. 000. 000 €.

Nach ca. 100 Jahren wird aus dem einen Cent ein Euro – also das Hundertfache. Das sieht nicht nach viel aus, der Betrag hat sich aber verhundertfacht. Und alle 100 Jahre verhundertfacht sich dann der bereits wieder verhundertfachte Betrag und das wiederholt sich weiter und weiter und weiter…

Diese absurd hohe Summe ist so groß, dass sie jede Vorstellung sprengt. Aus Gründen des besseren Verständnisses wurde berechnet, wie viel Gold für diese Summe theoretisch zu kaufen wäre:

Bei heutigem Goldkurs kostet 1 kg Gold ca. 10.000,00 €. Somit hätte das angesparte Kapital einen Gegenwert von ungefähr $2,5^{1036}$ kg Gold, was 1,25 Mio. Sonnen aus purem Gold entspricht bzw. ungefähr 421 Mrd. Erden aus Gold. Die Werte beinhalten nur minimale Ungenauigkeiten durch Rundungsfehler (Eine Verzinsung ohne Zinseszins bei gleichem Zinssatz würde im Vergleich dazu im gleichen Zeitraum ein Endkapital von 1,01 € erbringen, also einen Zinsgewinn generieren von nur 1 €).

Das aktuelle addierte Vermögen aller Menschen auf dieser Welt, also das aktuelle (2015) Gesamtvermögen der Weltbevölkerung beträgt gemäß der Schätzung der Schweizer Bank Credit Suisse 231 Billionen USD (dieser Zahlenwert ist im Vergleich zu dem oben berechneten Zinsertrag so verschwindend gering, dass er ganze 24 Stellen weniger hat!!!).

Was hat das aber konkret zur Folge und was bedeutet es?

Wenn man bedenkt, dass die Menschen seit viel mehr als zweitausend Jahren Geld als Zahlungsmittel und als Tauschmittel benutzen, welches auch angelegt und verliehen wird – und somit für ihre Besitzer durch Zinserträge immer wieder und ununterbrochen neues Geld generiert – dann zeigt uns dieses Beispiel anschaulich und deutlich, dass

- das Geld in der Ökonomie – wie wir diese kennen – eine durch Zinsen und Zinseszinsen generierte überproportionale Vermehrung erfährt und dadurch unausweichlich
- eine komplette Abkoppelung von der Relation zu den in der Ökonomie vorhandenen Gütern, die dem Geld als realer Wert gegenüberstehen, erfahren muss.

Dieser Zusammenhang ist sehr wichtig zu verstehen, denn das weltweit existierende Geld, als Zahlungsmittel, steht den weltweit vorhandenen Gütern gegenüber und beides steht somit im engen Zusammenhang und in Abhängigkeit zueinander.

Nachdem auch seit mehr als zweitausend Jahren Geldmittel immer auch angelegt wurden, und zwar in größeren Mengen als es in dem hier gezeigten Beispiel der Fall ist, muss rein aus mathematisch-logischer Schlussfolgerung jedem einleuchten, dass dieses System der Geldvermehrung unausweichlich inhärente Finanzkrisen mit Geldentwertungen beinhalten muss.

Denn nur eine Kapitalvernichtung durch Krieg, Naturkatastrophe oder Inflation kann diese Gesetzmäßigkeit/ Entwicklung korrigieren.

Konkret bedeutet es, dass Menschen in regelmäßigen Abständen durch eine wie auch immer aufkommende Krise in Form von einer Geldentwertung oder Vernichtung der Werte um ihr Vermögen und Ersparnisse gebracht werden müssen.

Diese Geldvernichtung trifft entgegen der allgemeinen Annahmen in der Regel die ärmeren Teile der Bevölkerung, weil diese zu einem wesentlich größeren Teil ihr Vermögen in liquider Form vorhalten, – während die wohlhabenderen Bevölkerungsteile ihr Vermögen vermehrt in Unternehmensanteilen, in Sach- und Immobiliengütern angelegt haben.

Dies ist zugleich eine der Ursachen für das sich immer und überall in der Welt wiederholende Auseinanderdriften des Wohlstands, Umverteilung der Mittel oder Konzentration des Kapitals. Mit fortschreitender Zeit werden die reicheren Bevölkerungsteile immer reicher und die ärmeren immer ärmer.

Durch die in der Ökonomie allgemein verwendete Zinsformel bei der Berechnung von Kreditzinsen werden das Kapital auf der einen Seite und die Schulden auf der anderen Seite durch ein enormes exponentielles Wachstum zur regelrechten Explosion gebracht, mit der kein

Wachstum der realen produzierten Güter im Entferntesten mithalten kann.

Die Aussage aus diesem Beispiel ist klar: Jeder Euro Forderung eines Gläubigers ist ein Euro Schulden eines Schuldners.

In der Welt existierendes Geld/Kapital steht für die Güter, die sich auf der Welt befinden. Das Geld und die Güter weltweit stehen immer in einer Relation und Verbindung zueinander. Der Mensch vermehrt durch seine Arbeit und seine Produktionsprozesse die Güter, die sich auf der Welt befinden. Es vermehrt sich aber auch das Geld, mit dem die Güter bezahlt oder gekauft/verkauft werden können. Das meiste auf der Welt existierende Geld (=Kapital) liegt nicht irgendwo herum, sondern ist angelegt. Und es erwirtschaftet daher unaufhörlich Zinsen! Somit wird deutlich, dass man der Zinsformel zufolge nicht tausend Jahre benötigt, um auf absurd hohe Summen zu kommen, sondern beim Vorliegen von entsprechend größeren Summen als Einlage, dieser exponentielle Effekt relativ schnell einsetzt. Und dass es weltweit mittlerweile sehr viel Liquidität (=Geld) gibt, ist bekannt. Und neues, weiteres Geld wird durch die Zentralbanken mit Hochdruck produziert und ununterbrochen in die Märkte gepumpt.

Vermehrt sich das Geld schneller als die Güter, dann kommt es zu Preiserhöhungen, denn für mehr Geld kann man nicht mehr Güter kaufen als es weltweit gibt, da die Menge der auf der Welt existierenden und zum Kauf stehenden Güter begrenzt ist. Die Menge des weltweit existierenden Geldes ist jedoch theoretisch nicht begrenzt und ist durch den Menschen beliebig erweiterbar. Und sie wird künstlich immer weiter erhöht, aus dem Glauben heraus, durch neues Geld von den Zentralbanken die Wirtschaft ankurbeln zu können.

Es ist jedoch eine nur sehr kurzfristige Sicht auf ein Problem, welches in seiner ganzen Dimension gigantisch ist – und was die oben ausgerechnete Zahl beweist.

Das Geld fängt ab einem bestimmten Punkt an, sich schneller und schneller zu vermehren als die Güter. Konkret bedeutet dies auch automatisch eine Umverteilung der Güter weltweit, von den Schuldnern zu den Gläubigern und diese Umverteilung schreitet in dem Tempo fort, in dem sich das exponentielle Wachstum des Geldes und damit der Schulden und Forderungen vermehrt.

Das Ergebnis liegt auf der Hand:

》 Diese Tendenz nimmt mit der Zeit zu und es ist ab einem bestimmten Punkt nicht mehr möglich, das weitere Anwachsen der Schulden zu stoppen.

Ein Teil der Wirtschaftssubjekte (die Gläubiger) wird immer wohlhabender, obwohl sie für ihren Wohlstand gar nichts tun müssen und ein anderer Teil der Wirtschaftssubjekte (die Schuldner) wird immer ärmer, weil ihre Schulden rasend schnell wachsen und sie nichts mehr gegen diese Entwicklung unternehmen können. Die dritte Gruppe der Wirtschaftssubjekte – das sind die, die weder Schulden haben, noch Geld verleihen/investieren – sind automatisch auch die Verlierer dieser Entwicklung. Denn aufgrund der rasenden Geldvermehrung wird langfristig automatisch Geld insgesamt weniger wert (Inflation) und somit wird ihr Einkommen und vorhandenes Vermögen zwar nominal unverändert bleiben, real können sie aber auf lange Sicht wesentlich weniger erwerben und erleiden somit real erhebliche Verluste. Die Mittelschicht in Deutschland und den USA sieht sich mit diesem Problem derzeit konfrontiert.

In dieser Konstellation ist die systemrelevante Frage die, wie in so einer Gesellschaft die anzahlmäßige Verteilung der Gläubiger und Schuldner aussieht.

Steht eine sehr kleine Gruppe von Gläubigern einer großen Anzahl von Schuldnern gegenüber, dann entsteht sehr bald die Gefahr eines Systemkollapses in Form von Unruhen, Ausschreitungen und Revolten mit der Folge, dass die große Masse der überschuldeten Wirtschaftssubjekte die wenigen Gläubiger mit Gewalt enteignet – etwa so, wie es bei Revolutionen in der Vergangenheit in vielen Ländern der Fall war.

Steht jedoch eine relativ große Gruppe von Gläubigern innerhalb einer Gesellschaft der Gruppe von Schuldnern gegenüber, dann wird die innere Situation wesentlich stabiler mit den Folgen, dass die Inflation relativ niedrig bleibt, weil es viele Wirtschaftssubjekte gibt, die sehr wenig haben und ihre Arbeitskraft dementsprechend für einen niedrigen Lohn zur Verfügung stellen müssen. Dies hält wiederum die Preise der Produkte relativ niedrig. Weil diese Wirtschaftssubjekte relativ wenig haben, ist auch die Nachfrage relativ moderat, was weiter mehr gegen einen Preisanstieg wirkt.

Eine andere Folge ergibt sich aufgrund des bei den Gläubigern im Überfluss vorhandenen Kapitals. Sie suchen dringen nach neuen Anlagen, um es gewinnbringend anzulegen. Die gängigen Anlageformen werden voll ausgeschöpft. Das sind Anlagen auf den Aktienmärkten, in anderen Wertpapieren, bei Beteiligungen und bei Immobilien und Grundbesitz. Somit steigen die Aktienpreise (und in Folge die Börsenkurse) und koppeln sich mit der Zeit vollkommen von der Realität und der Produktion der Güter ab. Commodities, Immobilien und Wohnraum werden immer teurer und neu gegründete Unternehmen mit Aussicht auf Erfolg werden mit Kapital überschwemmt bevor sie auch nur die ersten Gewinne erwirtschaften können. Staatsanleihen werden im großen Stil angefragt und entsprechend auch von den Regierungen ausgegeben, denn es ist genügend Bedarf seitens der Staaten und seitens der Anleger da. Diese Form der Anlage gilt in unsicheren Zeiten als relativ sicher. Die Zinsen sind sehr niedrig, denn es ist genug Kapital auf den Märkten vorhanden. Jedoch ist das Kapital für die unzugänglich, die bereits Schulden haben. Sie kommen ans Geld nur sehr teuer durch entsprechende „Risikozuschläge" (z. B. durch Überziehung der Limitten). Die Schulden werden dadurch gefährlich hoch und sind immer weiter am Wachsen. Die Möglichkeiten diese abzubauen, schwinden. Die Einkommensschere geht immer weiter auseinander und der Geldwert wird nur durch die Armut der großen Masse der Wirtschaftssubjekte (Menschen in der Gesellschaft) aufrechterhalten. Ohne diese vorhandene Armut würde eine Hyperinflation drohen, bedingt durch die große Geldmenge. Denn durch die Konzentration des Kapitals unter wenigen, wird das Kapital gebunden und kommt nicht in den Umlauf. Ein Mensch- wie wohlhabend er auch sein mag- kann nicht unendlich viel konsumieren und ausgeben- und daher sind auch die Möglichkeiten Beschränkt, sein Vermögen in den Wirtschaftskreislauf (z. B. durch den Bezug von Dienstleistungen oder Produkten) zu bringen.

Je gleicher die zahlenmäßige Verteilung der Gläubiger und Schuldner in diesem System ist, desto stabiler sind diese Verhältnisse, die für keine der beiden Seiten schön sind. Jeder versucht aus seiner Situation das Beste zu machen und sich so gut es geht abzusichern. Der Druck wächst und wächst immer mehr. Da es aufgrund des nicht aufzuhaltenden Wachstums des Geldes/Kapitals und somit der Schulden keinen anderen Ausweg als Schuldenerlass und Währungsreform gibt, ist ein Kollaps des Systems in Form von Geldentwertung/Krieg oder einer schwerer Krise auf eine mittelfristige Sicht nicht zu vermeiden.

Bereits in der Vergangenheit haben wir gesehen, dass die hier beschriebenen Ungleichgewichte genau zu diesen Folgen führten.

Die Ökonomie arbeitet trotzdem seit Jahrhunderten auf der Basis dieses Systems und der Grundlagen der Verzinsung. Es ist für jeden nachvollziehbar und berechenbar. Eine schlüssige langfristige Lösung bietet die ökonomische Theorie für die gezeigte Problematik nicht.

Zusammenhang zwischen Inflation und der realen Steuerbelastung der Bürger – beziehungsweise Zusammenhang zwischen Inflation und dem real zur Verfügung stehenden Einkommen

Dieser Zusammenhang ist in den ökonomischen Modellen noch nie berücksichtigt worden, obwohl er eindeutig und sehr leicht nachzuweisen ist. Er lässt sich auch rein mathematisch sehr einfach nachweisen: Bei vorhandener Inflation steigen bekanntermaßen die Preise wie auch Löhne entsprechend. Obwohl die Menschen nominal (zahlenmäßig) mehr verdienen, können sie sich real für das durch die Inflation verursachte höhere Einkommen aber trotzdem nicht mehr leisten. Der Grund hierfür ist die Tatsache, dass auch die Preise prozentual genau so viel gestiegen sind wie die Löhne. Somit bringt eine inflationsbedingte Lohnerhöhung um beispielsweise 10 % nicht mehr Kaufkraft, wenn auch alle Preise am Markt inflationsbedingt um 10 % gestiegen sind. Bei diesem Beispiel ist die nominale Lohnerhöhung also 10 %, die reale Lohnerhöhung aber 0 %. Die Betroffenen können sich nach der Lohnerhöhung also genauso viel oder genauso wenig leisten wie vor der Lohnerhöhung.

Das ist nichts Neues und in der Ökonomie durchaus akzeptiert und bekannt. Interessant wird dieses Phänomen jedoch, wenn man es zusammen mit der steuerlichen Belastung der Bürger in Verbindung bringt.

In den meisten Ländern der Welt werden Steuern nach der Einkommenshöhe erhoben. Das bedeutet je höher das Einkommen ist, umso höher ist nicht nur die Steuerlast selbst, sondern auch der Prozentsatz vom Einkommen, der als Steuer vom Staat erhoben wird. In der Regel wird dieser Prozentsatz jeweils für einen bestimmten Einkommensbereich festgelegt und erhoben. Also je höher das Einkommen umso höher auch die Steuerklasse mit dem entsprechenden Steuersatz.

So kann man beispielsweise festlegen, dass die niedrigste Steuerklasse mit

1. 0 % Steuer für sehr niedrige Einkommen bis beispielsweise einem Jahreseinkommen von 10.000, – erhoben werden.
2. 15 % Steuer für die nächste Steuerklasse bei einem Jahreseinkommen von 10.000, – bis zu 20.000, – erhoben werden,
3. 20 % Steuer für die nächste Steuerklasse bei einem Jahreseinkommen von 20.000, – bis zu 30.000, – erhoben werden und
4. 30 % Steuer für die höchste Steuerklasse für jedes Einkommen über 30.000, – .

Wie hoch die Steuerprozentsätze und wie viele Steuerklassen es gibt, spielt bei dieser Betrachtung keine Rolle.

Wichtig hingegen ist die Tatsache und das Verständnis dafür, dass bei der Betrachtung dieses Steuersystems im Zusammenhang mit existierender Inflation (und das ist in der realen Welt de facto immer der Fall) und damit natürlich auch mit den entsprechenden nominalen Lohnerhöhungen (die durch die Inflation bedingt sind), es automatisch zu einem erheblichen Effekt einer „versteckten Steuererhöhung" kommt. Diese versteckte Steuererhöhung kommt dadurch zustande, dass die inflationsbedingten Lohnerhöhungen rein nominaler Natur sind und keine tatsächliche reale Erhöhung der Kaufkraft darstellen. Die Steuerzahler haben für das Mehr an Einkommen also nicht ein Mehr an Kaufkraft. Konkret bedeutet das also, dass die Menschen zwar zahlenmäßig mehr verdienen, jedoch nicht mehr kaufen oder konsumieren können. Sie sind genau so arm oder reich wie vor der Lohnerhöhung. Die Inflation zehrt genau ihre Erhöhungen vom Einkommen auf. Bedingt durch das nominal höhere Einkommen der Steuerpflichtigen, rutschen diese aber automatisch in eine höhere Steuerklasse die einen höheren Steuersatz beinhaltet.

Faktisch bedeutet dies, dass die Steuerzahler zwar nicht mehr Kaufkraft haben, weil ihre Lohnerhöhungen inflationsbedingt nur nominal und nicht real waren, aber durch das Heraufstufen in die nächst höhere Steuerklasse sie jetzt einen höheren Prozentsatz an Steuern zu zahlen haben. Die logische Konsequenz ist eine jetzt reale Reduktion ihres nach der Besteuerung verfügbaren Einkommens!

Durch die fortschreitende Zeit über viele Jahre wirkt sich eine Inflation immer steuererhöhend für alle aus. Bei gleichbleibenden Steuerklassen (wenn die Einkommenshöhen der einzelnen Steuerklassen nicht verändert werden) fallen zunehmend mehr und mehr Steuerzahler automatisch mit ihren inflationsbedingt höheren Nominaleinkommen (jedoch tatsächlich nicht höheren Realeinkommen!) nach und nach in die nächsten höheren Steuerklassen. Also selbst dann, wenn sich real die Einkommen nicht erhöhen. Nur aufgrund der nominalen Erhöhung welche durch die Inflation bedingt ist. Die Steuerzahler werden in höhere Steuerklassen gestuft und müssen dementsprechend auch höhere Steuersätze zahlen. Obwohl sie real nicht mehr verdienen.

>> Dadurch, dass sich aber real ihre Löhne nicht erhöht haben und sie aber mehr Steuern zahlen müssen resultiert daraus der Fakt einer versteckten Erhöhung der Steuerbelastung.

Diese inflationsbedingte Steuererhöhung wird in der realen Ökonomie nicht berücksichtigt. Sie beeinflusst jedoch nachweisbar, direkt und sehr stark das Verhalten der Wirtschaftssubjekte, die real durch die höhere Steuerbelastung weniger Geld zum Leben haben. Somit sinken die real zur Verfügung stehenden Einkommen automatisch, bedingt durch die Inflation.

Dieser Effekt steht mit dem Effekt der Geldillusion im direkten Zusammenhang.

Alle diese gezeigten Effekte und Zusammenhänge sind nachweisbar und haben signifikante wirtschaftliche Konsequenzen:

Wie anfangs beschrieben, sind die Beweggründe fürs menschliche Handeln überwiegend die Emotionen und Gefühle. Es ist nicht die Ratio. Die Beweggründe des Menschen sind also sehr oft nicht rational, viele Gründe für dieses nicht rationale Handeln sind mittlerweile aus anderen Disziplinen bekannt, belegt und untersucht. Trotzdem wird es in der heutigen Ökonomie immer noch kaum – oder gar nicht – berücksichtigt. Wenn also mit einer Theorie gearbeitet wird, wie sich z. B. die Nachfrage nach einem bestimmten Gut (oder Wertpapier) im Markt bildet, so muss man zwangsläufig die Gründe (auch wenn diese manchmal nicht rational sind) berücksichtigen, welche die Menschen bewegen und motivieren, dieses Gut nachzufragen – oder nicht nachzufragen. Es ist primär **nicht wichtig zu wissen, ob** es rationale Gründe sind oder nicht. Aber **es ist wichtig zu wissen, was** die Beweggründe sind und **welches** tatsächliche Verhalten diese Nachfrage nach dem Gut beeinflusst und **wie** es die Nachfrage beeinflusst.

> Man muss verstehen, was die Beweggründe des Menschen sind, um sein Handeln zu verstehen.

Man muss erkennen, wie diese Beweggründe sich auf den Menschen und auf seine Entscheidungen/Präferenzen auswirken. Aus diesen Informationen kann man dann erst eine valide Vorhersage der Nachfrage nach einem Gut ableiten. Nur so kann eine Theorie (wenn sie also die Wirklichkeit verlässlich beschreibt) brauchbare Ergebnisse/Aussagen liefern. Es ist offensichtlich, dass eine Theorie in diesem Zusammenhang keine brauchbaren Ergebnisse liefern kann, wenn ihre zugrunde liegende Annahme die ist, dass das Verhalten der Menschen streng rational und ökonomisch ist. Dies entspricht – wie wir wissen – nicht der Realität. Alle ökonomischen Theorien beruhen aber auf dieser Annahme. Damit liefern sie zwar schöne und elegante Berechnungen, die Wirklichkeit können sie aber nur bedingt abbilden oder beschreiben. Genau das ist die momentane Situation in der Ökonomie.

Beeinflussung der Konsumausgaben durch die Erzeugung einer inflationsbedingten Geldillusion bei den Bürgern

Wie bereits im Abschn. 3.4.3 beschrieben wurde, gibt es bedingt durch die vorhandene Inflation einen Effekt, der die Wirtschaftssubjekte kurzfristig glauben lässt, sie hätten mehr finanzielle Mittel zur Verfügung als es in der Vergangenheit der Fall war. Inflationsbedingt steigen nominell die Einkommen der Menschen. Auch wenn diese Steigerung nicht realer Natur ist, sondern nur nominell, ist zu beobachten, dass viele Menschen aufgrund dieser nominellen Einkommenssteigerung ihre Ausgaben und ihren Konsum so verändern, als hätten sie tatsächlich eine reale Erhöhung des Einkommens bekommen. Durch diese gefühlte Veränderung des Einkommens wird das Konsumverhalten verändert, also es wird dadurch in eine bestimmte Richtung beeinflusst. Da es aber in Wirklichkeit gar keine Erhöhung der Kaufkraft gibt, ist das Gefühl, „mehr Geld zu haben" nur eine Illusion und Trugschluss und deshalb wird es auch „Geldillusion" genannt. Somit handelt es sich hier um eine Verzerrung der Realität in der Ökonomie.

Somit wird dieser Effekt gerne durch Regierungen genutzt, um durch erhöhte Konsumausgaben die Wirtschaft anzukurbeln.

Beeinflussung des Verhaltens durch sogenannte „Ankereffekte" und selektive Wahrnehmung

Durch beispielsweise negative Nachrichten wird die objektive Wahrnehmung der Menschen verfälscht. Solche Anker – wie in diesem Beispiel die Nachrichten – führen zur verfälschten Wahrnehmung der Realität und zu falschen und unrealistischen Erwartungen und somit zu nicht ökonomischen oder gar irrationalen Entscheidungen. Dieser Effekt wird insbesondere durch die in den Medien betriebene sensationshungrige Berichterstattung oder gewollte Manipulation des Publikums verstärkt sowie durch Konsum von überwiegend negativen Nachrichten über einen längeren Zeitraum verursacht. Dies ist plausibel, wenn man bedenkt, dass jeder Mensch durch seine Umgebung geprägt wird und dementsprechend sein Umfeld und die Welt wahrnimmt. Durch den einseitigen Medienkonsum wird diese Wahrnehmung dementsprechend verfälscht, mit den daraus resultierenden Folgen bei den Entscheidungen, Einschätzungen, Schlussfolgerungen und Präferenzen.

Es gibt auch einen wichtigen und signifikanten

Placebo-Effekt: Große rote Pillen, die bitter schmecken helfen besser. Teure, knappe schwer beschaffbare Güter verhelfen besser zum „Konsumglück": Placebo-Güter

Dass der Mensch durch sein Umfeld und durch Informationen bewusst und unbewusst beeinflusst wird, davon zeugt eindrucksvoll auch der allgemein bekannte Placebo-Effekt. Interessant ist dabei, dass nicht nur das Verhalten des Menschen beeinflussbar ist, sondern, wie dieser Effekt eindrucksvoll zeigt, sogar das Wohlbefinden und manchmal der Gesundheitszustand! Man fand beispielsweise heraus, dass große und rot eingefärbte Medikamente besser wirken als kleinere andersfarbige – auch dann, wenn sie die identischen Wirkstoffe beinhalten. Bittere Medizin hat bessere Wirkung als angenehm schmeckende und teure

Medikamente zeigen bei dem Kranken eine bessere Wirkung als günstige (jeweils bei identischen Wirkstoffen). Übertragen auf die Wirtschaft könnte dies auch eine weitere Erklärung dafür sein, warum teure und knappe Güter den Menschen die größere Befriedigung verschaffen.

Self- Overconfidence

Man kann die Overconfidence nicht als eine generelle Eigenschaft des Menschen ansehen. Vielmehr handelt es sich dabei um ein kontextabhängiges Phänomen. Es wurde sehr genau untersucht und die Evidenz ist belegt und so robust, dass dieses Thema mittlerweile in der Verhaltensforschung einen großen Rahmen füllt. Der Mensch überschätzt – so belegen es die Untersuchungen – seine Fähigkeiten mehr in Bereichen, die für ihn einfach sind und in denen er eine gewisse Routine hat. So ergeben Untersuchungen, dass 85 % der Befragten angaben, bessere Autofahrer zu sein, als es der Durchschnitt ist. Auf der anderen Seite scheint der Mensch aber wieder seine Fähigkeiten bei schwierigen Aufgaben eher zu unterschätzen.

Es scheint auch eine Tendenz zu geben, sich und die eigenen Fähigkeiten egozentrisch und eigennützig zu beurteilen. So werden eigene Taten dem guten Können zugeschrieben, Misserfolge hingegen den ungünstigen äußeren Umständen. Auch begehrenswerte Eigenschaften werden regelmäßig als überdurchschnittlich eingeschätzt. So wird beispielsweise die eigene Gesundheit, berufliche Fähigkeiten, gute Eltern zu sein und die Wahrscheinlichkeit, eine glückliche Ehe zu führen, belegbar bei Tests und Befragungen als überdurchschnittlich gut angegeben.

Außerdem überschätzen Menschen ihren Beitrag zu gemeinsamen Aktivitäten innerhalb einer Gruppe. Beispielsweise addieren sich die Anteile, die jeder Partner nach eigener Einschätzung zur Haushaltsarbeit beigetragen hat, in der Regel auf mehr als 100 %. Ebenso geben 94 % der Professoren bei Umfragen an, überdurchschnittlich gut zu arbeiten.

Die Selbstüberschätzung hat verschiedene Ursachen. Einerseits sieht sich der Mensch als kompetent und sachkundig. Eine Überschätzung der eigenen Fähigkeiten stimmt mit diesem Selbstbild überein. Zudem will er sich in einem guten Licht darstellen. Möglicherweise glaubt er nicht tatsächlich, dass er besser als der Durchschnitt ist, aber er gibt dies gegenüber Dritten an. Andererseits ist er bemüht nach Informationen zu suchen die in erster Linie seine Annahme – beispielsweise, dass er mehr leistet als andere – unterstützen.

Da es meistens in der Realität keine vergleichbaren objektiven Informationen über die jeweilige Frage gibt, schließt er aus seinen vorhandenen Daten, dass er überdurchschnittlich ist. Außerdem ist auch seine Erinnerung selektiv in dem Sinn, dass eigene Taten und Erfolge besser erinnert werden als fremde Taten oder Misserfolge.

> **Beispiel**
>
> Wenn man beispielsweise über seinen eigenen Anteil an der gemeinsamen Hausarbeit gefragt wird, erinnert man sich besser und mehr an die Arbeiten, die man erledigt hat, und überschätzt somit deren Anteil an der Gesamtarbeit.

Ein anderer zu berücksichtigender Punkt ist auch die Tatsache, dass zahlreiche positive Eigenschaften unklar oder gar nicht definiert sind, und jeder Betroffene erfüllt daher möglicherweise seine eigene persönliche Definition dieser Eigenschaft.

So verstehen Männer und Frauen beispielsweise unter einem „guten Autofahrer" ganz Verschiedenes. Somit kann sich auch jeder einbilden, ein überdurchschnittlich guter Autofahrer zu sein – gemäß seinen eigenen ganz persönlichen Kriterien. So tragen diese kognitiven Täuschungen und Verzerrungen im ganz erheblichen Maße dazu bei, dass menschliche Entscheidungen in der Realität nicht objektiv und oft nicht rational sind und denen des Homo Oeconomicus in der klassischen ökonomischen Theorie widersprechen.

Choice: Ist es richtig, dass größere Wahlmöglichkeit für das Individuum immer besser ist?

Ein weiterer großer Unterschied zwischen der klassischen ökonomischen Theorie und der Realität ist in der Choice-Theorie zu sehen. Nach dieser folgen die einzelnen Wirtschaftssubjekte nach Homo Oeconomicus immer dem Eigeninteresse, der nur auf den eigenen Vorteil bedacht ist. Der Homo Oeconomicus wägt also bei jeder Handlung Nutzen und Kosten ab und wählt unter Einbeziehung der herrschenden Bedingungen (z. B. Knappheit der Güter) diejenige Handlungsoption aus, die ihm den größten Vorteil bringt. Er trifft also eine rationale Wahl.

Es beschreibt also jegliches menschliche Handeln durch Ziele, Wünsche und Bedürfnisse sowie durch den menschlichen Versuch, diese Ziele in höchstmöglichem Ausmaß zu realisieren. Eine Präferenz/Entscheidung wird demzufolge umso wahrscheinlicher getroffen, je größer der rein persönliche Nutzen ist und je geringer die persönlichen Kosten für diese Option/Entscheidung sind.

In der Realität jedoch beschränken sich Nutzen und Kosten nicht nur auf finanzielle oder sonstige wirtschaftliche Faktoren. Nachdem der Mensch eben kein Homo Oeconomicus ist, müssen auch psychische, soziale Nutzen und Kosten mit in die Betrachtung einfließen, genauso wie alle hier beschriebenen Verzerrungen in seiner Wahrnehmung. Die eigenen subjektiven Vor- und Nachteile einer Handlung werden kalkuliert und sich dementsprechend für oder gegen die Handlung entschieden.

Ungeachtet dessen, ob nun in der Entscheidungstheorie der Mensch als ein Homo Oeconomicus betrachtet wird, oder ob der real fühlende und irrende Mensch zugrunde gelegt wird, ist in der Theorie auch die Frage zu erörtern, ob die Anzahl der bei der Entscheidung zugrunde liegenden Optionen relevant ist.

Nach der klassischen ökonomischen Theorie ist diese Frage relativ einfach und klar beantwortet: Denn je mehr Alternativen es für den Homo Oeconomicus gibt, desto mehr Wahlmöglichkeiten hat er und umso besser ist es demzufolge für ihn. Er kann besser wählen und für ihn die optimale Situation erzeugen. Dies erscheint auf den ersten Blick betrachtet auch nachvollziehbar und logisch.

Bei einer genaueren Betrachtung jedoch, insbesondere mit dem Hintergrund der hier gezeigten Irrationalitäten und Beeinflussung durch zusätzliche Informationen (z. B. Framing-Effekt, siehe Abschn. 3.4) muss man feststellen, dass mit der entsprechend steigenden Anzahl der

Optionen und mit steigender Wertigkeit der Optionen die einem Individuum zur Verfügung stehen, demzufolge seine Situation beziehungsweise sein Zustand **nicht** verbessert wird. Ab einem Punkt führt jede weitere Option, die er in seinen Entscheidungsprozess zu berücksichtigen hat, zu einem negativen Ergebnis. Rational und emotional.

Dafür gibt es schlüssige und nachvollziehbare Gründe: Jede Option für die sich ein Individuum nicht entscheidet stellt Opportunitätskosten dar. Das sind sozusagen die Kosten der nicht wahrgenommenen Chance. Explizit muss hier darauf hingewiesen werden, dass hier Kosten nicht nur im monetärem Sinne gemeint sind, sondern Kosten im Allgemeinen – also auch emotionale Kosten im Sinne vom erlittenen Schmerz/Trauer/Bedauern oder auch durch Verluste.

Beispiel

Ein Kind hat 1 €, um sich eine Kugel Eis zu kaufen. Es gibt 20 Sorten, wovon es 10 Sorten sehr mag. Es muss sich aber nur für eine einzige Kugel Eis entscheiden. Nach der getroffenen Entscheidung stehen die 9 anderen Optionen (für welche sich das Kind nicht entschieden hat, obwohl es diese auch mag) als Kosten der Entscheidung für die eine bestimmte Eissorte, die das Kind genommen hat, gegenüber. Es sind Kosten der vergebenen Opportunität.

Je höherwertiger die Alternativen dabei sind – also je mehr das Kind auch die anderen Eissorten mag – desto schwerer fällt ihm auch die Entscheidung und desto größer ist auch das Bedauern (=Schmerzen/Preis) die anderen Eissorten nicht genommen zu haben. Desto höher sind die Kosten der vergebenen Opportunität (=Opportunitätskosten).

Gäbe es bei diesem Beispiel nur die eine Eissorte, oder eine der anderen neun Eissorten, die das Kind auch gerne mag, so wären keine weiteren Optionen zur Entscheidung gestanden. Dadurch gäbe es auch keine Opportunitätskosten, also keine Kosten der verpassten Chance. Es gäbe keinen – manchmal schwierigen und langwierigen – Entscheidungsprozess und anschließend gäbe es kein Bedauern über die nicht wahrgenommenen Alternativen.

>> Subjektiv für das Kind wäre also die zweite Alternative ohne die vielen Entscheidungsoptionen besser gewesen und hätte einen höheren Nutzen (Glückszustand) gestiftet.

Im Extremfall können sogar zusätzliche Optionen in Entscheidungsprozessen bei menschlichen Individuen zu ernsthaften Krisen, schweren irrationalen Handlungen bis zu gesundheitlichen Problemen führen. Man stelle sich beispielsweise die nicht einmal so unrealistische Situation im Leben eines Menschen vor, der im Begriff ist eine Familie zu gründen und zwei für ihn gleichwertige Partner kennt und sich dementsprechend für einen der Beiden entscheiden muss.

Wie ganz deutlich zu sehen ist, haben selbst diese Situationen eine entscheidungsrelevante Komponente inne, die ökonomietheoretisch durchaus relevant ist. Es bedarf hier keiner wissenschaftlichen Untersuchungen und Experimente um zu erkennen, dass es Situationen gibt, in welchen jede weitere Option gravierende Nachteile für das zu entscheidende Individuum mitbringt.

Aber auch bei den kleineren Dingen und Entscheidungen im Leben bringen sehr oft zusätzliche Alternativen viel Ärger und Unmut:

Beispiel

Möchte man beispielsweise an einem schönen Nachmittag einen Ausflug mit der Familie machen, bieten sich zwei Möglichkeiten an. Es besteht die Möglichkeit sofort loszufahren, oder erst in die Stadt zu gehen, weil dort bestimmte Produkte, die man unbedingt haben möchte, stark reduziert sind:

- Entscheidet man sich für die Stadt und kommt erst spät zurück, ist der Unmut der Familie groß, weil sie erst warten musste und viele Stunden des Nachmittags vergeudet sind.
- Entscheidet man sich für den Ausflug, ärgert man sich anschließend die ganze Zeit, diese günstige Chance des Einkaufs nicht genutzt zu haben.

» Gäbe es in solcher Situation keine zweite oder x-te Option, dann wäre es für das betroffene Individuum weitaus besser. Egal welche der beiden Optionen es wäre, ohne die jeweils andere wäre das Individuum zufrieden und hätte keine Gewissensbisse oder Stress. Es hätte also im ökonomischen Sinne keine Kosten zu tragen (Kosten der vergebenen Chance, also Opportunitätskosten). Diese sind umso höher, je besser jede weitere Alternative/Option ist.

Solche Beispiele könnten endlos fortgeführt werden. Wichtig ist es, das Verständnis zu erzeugen, für den Unterschied in der klassischen ökonomischen Theorie und in der Wirklichkeit, den es im Zusammenhang mit der Anzahl der Optionen bei Entscheidungen gibt. Es ist in der Wirklichkeit nicht so, wie die ökonomische Theorie besagt, dass eine immer höhere Anzahl von Optionen für das Individuum besser ist.

Staatsverschuldung: Ist es richtig, dass wir uns heute bei der zukünftigen Generation verschulden können?
Es wird immer wieder gesagt und wiederholt, dass heute aufgenommene Staatsschulden, Schulden sind, welche die nächste Generation zukünftig zahlen muss. Vordergründig klingt dieser Sachverhalt schlüssig. Schulden die heute gemacht werden, müssen morgen bezahlt werden und somit wird die nächste Generation für diese Schulden aufkommen müssen. Betrachtet man jedoch genau diesen

Sachverhalt aus einer ganzheitlichen Sicht – und die Ökonomie und Gesellschaft muss aus einer ganzheitlichen Sicht betrachtet werden – dann wird auch einem Nichtökonomen einleuchten, dass diese Argumentation nicht die ganze Wahrheit ist:

Denn heute gemachte Schulden sind geliehene Geldmittel, welche auch **heute** jemand anderer zur Verfügung stellt. In der Regel sind es Investoren oder normale Bürger, die die entsprechenden Staatsanleihen kaufen und so ihr Geld relativ sicher investieren. Somit ist es heutiges verliehenes Geld und auch heutige Schulden. Der Staat gibt dieses Geld auch heute aus, z. B. für Bildung (Bezahlung von Lehrern/Schulen), oder Infrastruktur (Bauen und Bezahlen von Straßen), und verpflichtet sich, es in der Zukunft wieder diesen Investoren (Inhabern der Staatsanleihen) zurückzuzahlen. Handelt es sich dabei um sehr lange Laufzeiten, dann verkaufen oder vererben die heutigen Investoren (=Gläubiger) diese Wertpapiere und der Staat wird die Schulden an die neuen Inhaber dieser Papiere (=neue Gläubiger) zurückzahlen. Das geliehene Geld wird also zurückgegeben. Diese neuen Inhaber sind aber genauso Staatsbürger und Menschen wie die ursprünglichen Investoren es auch waren. Das zurückbezahlte Geld bleibt somit im Wirtschaftskreislauf, unabhängig davon, ob es sich um Bürger nur eines Landes handelt oder ob es internationale Investoren sind. Natürlich muss das zurückbezahlte Geld von den arbeitenden Menschen in der Ökonomie, die die Schulden aufgenommen hat, erst einmal erarbeitet und in Form von Steuern eingetrieben werden. Es ist aber keinesfalls so, dass eine Generation die Schulden macht und eine andere diese bezahlen muss. Vielmehr handelt es sich hierbei um eine klassische Umschichtung des Geldes und des Reichtums. Abhängig von der Steuergesetzgebung (=Eintreibung der Gelder bei den Bürgern) wird hier Kapital **nicht** von einer Generation auf die andere, sondern vielmehr von einer Gesellschaftsschicht zur anderen umgeschichtet (also von den Steuerzahlenden zu den Kapitaleignern, sofern diese keine oder wenig Steuern auf ihre Kapitaleinkünfte zahlen). Die Kapitalgeber sind Menschen einer Generation aus der Gesellschaft, genauso wie die Nutznießer der durch dieses Kapital erstellten Güter und zur Verfügung gestellten Dienstleistungen. Analog dazu sind genauso die Schulden der rückzahlenden Steuerzahler mit den Empfängern dieser Rückzahlungen, Menschen und Mitglieder einer und derselben Generation und oft auch derselben Gesellschaft.

Man kann somit eindeutig nicht Schulden von einer Generation auf die andere verlagern. Eine enge, isolierte Sicht auf wirtschaftliche Fragestellungen ist, wie hier gezeigt, in den meisten Fällen nicht zielführend und resultiert in falschen Schlussfolgerungen und fehlerhaften Ergebnissen. Eine ganzheitliche, holistische Sicht der Dinge, die alle Zusammenhänge und Abhängigkeiten mit in die Kalkulation einfließen lässt, ist in der Ökonomie unabdingbar. Genau aus diesem Grund ist es sehr wichtig, die Ökonomie nicht als eine abgegrenzte und in sich geschlossene Wissenschaft zu betrachten. Vielmehr muss man lernen, wenn nötig, auch andere Disziplinen mit zu berücksichtigen und Abhängigkeiten zu erkennen.

Literatur

Porter ME (1986) Wettbewerbsvorteile (Competitive Advantage). Spitzenleistungen erreichen und behaupten. Campus, Frankfurt a. M.

Price R (1772) An appeal to the public, on the subject of the national debt. The McMaster Collection. Paper 70. S 19

Norton MI (2009) The IKEA effect: when labor leads to love. Harv Bus Rev 87(2):30. http://hbr.org/web/2009/hbr-list/ikea-effect-when-labor-leads-to-love.

6

Was muss getan werden, um die Wirtschaft besser zu verstehen und besser zu steuern?

Wenn man über die hier gezeigten Beispiele nachdenkt und ihre Problematik mit den gängigen ökonomischen Theorien genau analysiert, so kommt man zwangsläufig zu dem Ergebnis, dass die derzeitigen ökonomischen Theorien mit ihren theoretischen Annahmen zwar logisch konstruiert und in ihren Argumenten sehr schlüssig sind, jedoch keine Modelle und erst gar nicht brauchbare Antworten für die gezeigten realen Probleme bieten. Es sind rein theoretische Modelle, die aufgrund ihrer klaren reinen und verständlichen Logik sehr elegant und verständlich sind. Deshalb sind sie auch so stark und haben teilweise über Jahrhunderte überdauert, ohne jemals hinterfragt zu werden. Die Realität, also die Menschen und ihr Handeln, ihre Bedürfnisse, Beweggründe und Entscheidungen, wie diese in der Praxis getroffen werden, haben sie aber leider nur in sehr unzureichender Weise abgebildet,

© Springer Fachmedien Wiesbaden GmbH 2018
V. von Holle, *Ökonomie 4.0*,
https://doi.org/10.1007/978-3-658-19110-8_6

nicht ausreichend gut erklärt und insgesamt sehr ungenau oder gar nicht beschrieben und berücksichtigt. Denn die zugrunde liegenden Annahmen stimmen einfach nicht mit der Realität überein und wichtige Zusammenhänge und Wechselwirkungen werden außer Acht gelassen, weil sie nur schwer messbar und quantifizierbar sind. Somit kommen diese Theorien in ihrer mathematischen und logischen Argumentation auch zu mathematisch richtigen und eleganten Ergebnissen. Bedingt durch ihre fehlerhaften und nicht realitätsentsprechenden Annahmen (z. B. der Mensch würde immer rational und gewinnorientiert handeln), welche nicht korrekt die Wirklichkeit abbilden oder auch durch die Nichtberücksichtigung wichtiger Zusammenhänge, sind die daraus resultierenden Ergebnisse nicht immer auf die Wirklichkeit übertragbar und daher für die Wirklichkeit nicht immer zu gebrauchen. Auch wenn die Berechnungen mathematisch richtig sind.

» Um eine Theorie aufzustellen, mit der in der Realität gearbeitet werden soll – mit der also auch tatsächlich und überprüfbar valide und verlässliche Prognosen, Verhaltensweisen, Entscheidungen, Risiken usw. berechnet werden sollen – muss man zwingend auch von Voraussetzungen ausgehen, welche die Realität widerspiegeln.

Nur weil eine Berechnung mathematisch richtig ist, bedeutet es noch lange nicht, dass die Formel dahinter oder die Annahmen für diese Berechnung auch richtig sind. Dies ist aber essenziell, um für die Wirklichkeit und Praxis brauchbare und valide Ergebnisse zu generieren.

Somit benötigen wir nicht noch bessere und schnellere Rechner und noch mehr Daten, um genaue und aussagefähige ökonomische Kennzahlen zu bekommen. Wir müssen stattdessen besser und genauer beobachten, um bessere und genauere Beschreibungen und ein gutes Verständnis des menschlichen Verhaltens zu bekommen. Wir müssen viel mehr psychologische und auch psychiatrische Disziplinen in die Ökonomie einbinden und von ihnen über den Menschen und über sein Denken und Verhalten lernen. Wir müssen auch die Zusammenhänge besser verstehen, um daraus exaktere Annahmen zu generieren, mit welchen man dann zu besseren Modellen und schließlich auch zu genaueren Ergebnissen kommt. Das wäre heute der richtige Weg, den die Ökonomie als Wissenschaft beschreiten sollte.

Doch leider ist die Tendenz heutzutage eher entgegengesetzt (Noch mehr Zahlen, noch mehr Daten, noch mehr Ökonometrie, quantitative Ökonomie usw.). Es wird damit versucht, den Glauben zu erwecken, man könne irgendetwas faktisch exakt berechnen und prognostizieren. Man macht sich vor, die Situation zu beherrschen. Werden jedoch retrospektiv die ökonomischen Prognosen, Börsenberechnungen, Kurse, Risiken und Vorhersagen überprüft, so sind die Ergebnisse im Nachhinein betrachtet sehr ernüchternd.

Um das menschliche Verhalten zu verstehen, objektiv zu beschreiben und dann auch prognostizieren zu können, muss man zuallererst die Beweggründe der Menschen besser verstehen. Diese basieren auf dem Streben nach Glück und Zufriedenheit. Was immer es für den Einzelnen bedeutet. Um diese Beweggründe und somit auch dieses Streben analysieren zu können, muss man die „Glückssteigerung" noch wesentlich besser wissenschaftlich erforschen und verstehen lernen. Dazu sollte man zwingend auch auf die anderen wissenschaftlichen Disziplinen, wie zum Beispiel Soziologie, zurückgreifen und diese in die ökonomische Forschung und Aufstellung neuer Modelle oder vielleicht sogar neuer Theorie einbinden. Erst dann wird man valide Annahmen und Kriterien haben, mit welchen man besser und genauer in der Ökonomie arbeiten kann.

Diese Konvergenz aus der wissenschaftlichen Theorie und deren Modellen einerseits und empirischen Erkenntnissen andererseits, ist der spannende Bereich, in dem es darum geht, neue Wege und Lösungen zu finden. Auf diese Weise kann der Wirtschaft, den Institutionen und den Kunden geholfen werden, bessere und effektivere Ergebnisse zu erreichen und damit den Wohlstand und das soziale Miteinander auf einem friedlichen Weg zu verbessern und zu mehren.

Die ökonomische Disziplin ist also nicht zu anderen Fächern oder Disziplinen immer genau abgrenzbar. Im Gegenteil, sie ist teilweise sogar als eine Art Querschnittsdisziplin anzusehen und von den anderen Disziplinen und deren Erkenntnissen abhängig. Diese Erkenntnisse aus den vielen anderen wissenschaftlichen Disziplinen fließen in die Ökonomie ein, befruchten sie und sind für sie und ihre theoretischen Grundlagen unerlässlich.

Insbesondere hervorzuheben sind hier die Fachbereiche

- Soziologie
- Psychologie
- Psychiatrie
- Rechtswissenschaften
- Mathematik
- Statistik
- Politik
- Philosophie
- Religion
- Anthropologie

Das menschliche Verhalten wird in der Realität determiniert von dem subjektiven Streben nach Zufriedenheit/Glück und Vermeidung von Schmerz und Unglück. Glück und Zufriedenheit sind – genauso wie Angst, Wut, Zorn, Freude usw.- sehr komplexe Parameter, die sich derzeit nur schwer wissenschaftlich definieren, bestimmen oder messen lassen. Sie wurden daher in der Vergangenheit in der Wirtschaftstheorie nicht genauer berücksichtigt oder spezifiziert. Es wurde auch nicht ausreichend untersucht, wie sie sich auf die Entscheidungsfindung (Setzen von Präferenzen) des Menschen in der Ökonomie auswirken. Stattdessen hat sich die Wirtschaftsforschung nach rein ökonomisch-rationalen (=einfach zu messenden/quantifizierbaren) und nicht nach den emotionalen oder gar sozialen Aspekten und Parametern orientiert. Um sich mit dem komplexen Thema der Emotionalität nicht wissenschaftlich auseinandersetzen zu müssen und um aus wissenschaftlicher Sicht sauber mathematisch nach anerkannten logischen Modellen vorgehen und argumentieren zu können, hat man den „Homo Oeconomicus" erfunden. Ihm hat man die vereinfachte und leicht messbare Eigenschaft unterstellt, er würde sich stets (quasi wie ein Roboter) nur gewinnmaximierend rational im ökonomischen Sinne verhalten (also seine Prioritäten setzen, auf welchen die späteren Entscheidungen beruhen). Somit wurde zwar eine sehr starke, weil verständliche und logische ökonomische Theorie geschaffen. Doch wurden bisher alle gemachten Annahmen über das tatsächliche Verhalten des Menschen auf eine nicht der Realität entsprechende Weise vereinheitlicht (in der Komplexität reduziert = ausgeblendet) und somit stark verfälscht. Mit dieser künstlich konstruierten Annahme arbeitet man nun in der Ökonomie seit Jahrzehnten bis heute.

7

Was können wir von den anderen wissenschaftlichen Disziplinen und aus ihrer geschichtlichen Entwicklung lernen?

Für die in dieser Abhandlung beschriebenen Ursachen für Schwächen und Fehler in der ökonomischen Theorie lassen sich in der Wissenschaft viele Parallelen finden, durch die identische Fehler und Ursachen deutlich werden:

So kann man beispielsweise auch in anderen Disziplinen, wie z. B. in der Physik nicht einfach nur das unmittelbar Sichtbare und einfach zu Messende berücksichtigen, ohne die damit zusammenhängenden und unsichtbaren, aber trotzdem wichtigen Faktoren außer Acht zu lassen.

> **Beispiel**
>
> Die Geschwindigkeit und die Beschleunigung eines Körpers im freien Fall auf die Erde kann man nicht nur durch die Masse und Gravitation allein berechnen. Theoretisch würde es zwar in einem sehr eingeschränkten Bereich ausreichen, in der Praxis wissen wir jedoch (durch Beobachtung), dass

© Springer Fachmedien Wiesbaden GmbH 2018
V. von Holle, *Ökonomie 4.0*,
https://doi.org/10.1007/978-3-658-19110-8_7

> es auch eine Reibung gibt, die von der Temperatur, Form des Körpers, seiner Größe und dem Luftdruck abhängt. Es existiert also ein Luftwiderstand, der von vielen Faktoren abhängt und der den Wert des Falls des Gegenstands maßgeblich bestimmt. Erst mit der Kenntnis all dieser Parameter, deren Zusammenhänge und der Kenntnis, diese messen zu können, kann der freie Fall auf der Erde korrekt berechnet werden. Wir wissen, dass die Ergebnisse der beiden Berechnungen (einmal mit allen diesen Parametern und einmal ohne diese, also nur mit den einfach zu messenden und sichtbaren Faktoren wie Gravitation und Masse) sehr stark voneinander abweichen können.

Diese Erkenntnis war jedoch nicht von Anfang an gegeben! Auch bei den Anfängen der Physik vor Jahrhunderten hat man diese Parameter nicht sofort gekannt und hat den freien Fall zuerst nur durch die Masse des Körpers und die Gravitation bestimmt. Erst mit der weiteren Entwicklung der Disziplin, durch unzählige Beobachtungen und Forschungen ist man zu neuen, besseren Erkenntnissen gelangt. Dieser Prozess führt immer weiter und eröffnet uns stetig neues Wissen und dadurch auch genauere und bessere Ergebnisse bei Modellen und Theorien. Hätte man stattdessen nur immer neuere und genauere Messmethoden entwickelt, um den freien Fall immer genauer zu messen, anstatt ihn zu analysieren und zu studieren, so wäre man offensichtlich auf dem falschen Weg gewesen und würde die eigentliche Problematik und wirkliche Ursache nicht identifizieren und verstehen.

Diese Feststellung ist aber auch schon gleichzeitig die Antwort darauf, warum dann die klassische ökonomische Theorie so populär und so stark ist. Und warum wurde sie so wenig hinterfragt oder infrage gestellt? Hierfür gibt es gleich mehrere Gründe und Erklärungen: Das Verhalten des Menschen wurde in der klassischen ökonomischen Theorie extrem vereinfacht und in seiner tatsächlichen Komplexität maximal reduziert und somit verzerrt. Das Verhalten wurde auf logische, nachvollziehbare und schlüssige, sowie sehr verständliche Grundsätze standardisiert. Somit wurde es mathematisch modellierbar und einfach berechenbar. Es konnten dadurch sehr schöne, elegante und anschauliche Grafiken, Kurven und Modelle abgeleitet werden. Irrationalitäten und nicht vorhersehbare, nicht berechenbare Ereignisse wurden eliminiert. Alles wurde so aufgestellt, dass es mathematisch berechenbar gemacht wurde und dementsprechend mathematisch korrekt auf Logik und Ableitungen beruht. Etwas so schönes und gleichzeitig logisches wissenschaftlich zu hinterfragen, ist nicht einfach und erzeugt immer einen heftigen Widerstand. Aus diesem Grund haben sich in der Theorie die Grundannahmen seit hunderten von Jahren nicht geändert. Vergleichbar mit anderen lang anhaltenden Meinungen muss hier auch die lange Dauer für die Richtigkeit der Annahmen angesehen werden. Was wiederum jedes Hinterfragen und Kritik noch mehr erschwert.

Ähnlich der Physik, wo ebenfalls sehr lange Zeit von vereinfachten Annahmen (beispielsweise bei der Berechnung des Falls eines Körpers) ausgegangen wurde. Als man erkannte, dass die alt hergebrachten Methoden und Berechnungen nicht genau genug waren und man in der modernen Physik durch die Relativitätstheorie genauere Erkenntnisse über die physikalischen Gesetze gewann, so hat sich die damals moderne Physik anfänglich auch sehr schwer getan sich durchzusetzen, gegenüber der alt hergebrachten Sichtweise. Die Durchsetzung der Erkenntnis, dass alles relativ ist und man bei einer genauen Berechnung anscheinend einfacher Faktoren wie Zeit, Geschwindigkeit und Strecke auf einmal andere Methoden zu deren Berechnung zu benutzen hat, hat in der Physik anfänglich auch erst eine gewisse Zeit gedauert.

Genauso verhält es sich mit den Theorien in der Ökonomie! Es geht nicht darum, immer bessere Berechnungsmodelle und Messgrößen zu finden und aufzustellen. Es muss darum gehen, die Zusammenhänge und die Faktoren zu finden, die oft unsichtbar und verborgen im Hintergrund einen Einfluss ausüben und die derzeit von uns mit dem heutigen Wissen eventuell auch noch nicht messbar sind. Aber wie bereits am Anfang festgestellt, ist die Ökonomie eine sehr junge Wissenschaft die noch ein sehr großes Entwicklungspotenzial besitzt.

Die Physik ist eine viele tausend Jahre alte Wissenschaft und hat entsprechend mehr Zeit gehabt sich zu entwickeln, zu beobachten und auch Fehler zu korrigieren. Die Ökonomie ist als Wissenschaft erst sehr jung – mit ihren Anfängen bei Adam Smith und David Ricardo nach 1776 zu sehen – und befindet sich somit im Vergleich mit den alten Wissenschaften wie Physik oder Medizin erst in den Anfängen.

Speziell in den letzten Jahren sind die ökonomischen Theorien und ihre Folgerungen immer mehr in die Kritik geraten, da sie immer wieder zu fatal falschen Ergebnissen, Prognosen und Resultaten geführt haben. Die Auswirkungen auf die Weltökonomie und Gesellschaft waren teilweise verheerend, Risiken wurden falsch eingeschätzt, eine Krise folgte unerwartet der anderen, und wirksam geglaubte Instrumente für deren Bewältigung haben sich als unwirksam oder gar als fatale Fehler herausgestellt. Das ist die Beobachtung der Realität.

Wie könnten auch die entwickelten Instrumente wirksam greifen, wenn diese – wie an zahlreichen Beispielen in diesem Buch gezeigt und beschrieben – unter Annahmen gemacht worden sind, die der Realität nicht entsprechen? Wie können Prognosen für die Nachfrage nach bestimmten Produkten aufgestellt und berechnet werden, wenn das Verhalten der Konsumenten auf unrichtigen Annahmen beruht? Wie können Börsenwerte und Aktienkurse prognostiziert werden, wenn das Verhalten der Investoren, Konsumenten und des Marktes ein anderes ist, als die Annahmen von welchen man in den Berechnungen ausgeht? Wie können Wechselkurse und Wechselrisiken, Nachfrage nach Staatsanleihen, Krediten für Investitionen, Commodities oder Immobilien beziffert werden, wie können Investitionsrisiken und Optionsanleihen und ihre Entwicklung objektiv und verlässlich bewertet werden? Woher will man wissen, wie und wann man am besten Währungen stützt, oder wann man sie am besten mit einer Intervention abwerten kann oder sogar muss?

Das alles ist mit dem heutigen Instrumentarium ein viel zu ungenaues und unsicheres Unterfangen. Die Zahlenwerte der Prognosen und Berechnungen gaukeln uns lediglich eine Genauigkeit vor, die bei weitem nicht gegeben ist. Es ist so ungenau, uneffektiv und so gefährlich, wie in grauer Vorzeit in der Medizin die Versuche, Fieber oder Bluthochdruck durch den Einsatz von Blutegeln zu senken, oder den freien Fall in der Physik nur durch die bekannten Größen der Gravitation und der Masse zu bestimmen. Damals sicherlich State-of-the-Art, heute als Unsinn zu betrachten.

Glossar

Ankereffekt Der Ankereffekt ist ein Begriff aus der Kognitionspsychologie und beschreibt das Phänomen, dass Menschen bei
bewusst getroffenen Wahlen von vorhandenen Umgebungsinformationen beeinflusst werden, ohne dass ihnen dieser Einfluss bewusst ist. Die Umgebungsinformationen haben selbst
dann einen Einfluss, wenn sie für die die zu treffende Entscheidung eigentlich irrelevant sind. Der Anker ist in der Regel eine
bestimmte Information, wobei der Betreffende die Information
selbst aus den Umständen bilden oder aber von einer anderen
Person erhalten kann. Häufig ist sie ist aber rein zufällig vorhanden. Diese Information ist dann beim Einschätzen einer Situation und beim Treffen der Entscheidung ausschlaggebend, wobei
es keine Rolle spielt, ob diese Information für die zu treffende
rationale Entscheidung tatsächlich relevant und nützlich ist.

Es handelt sich also um eine Urteilsheuristik, bei der sich
das Urteil an einem willkürlichen Anker orientiert bzw. um
eine systematische Verzerrung in Richtung dieses Ankers.

© Springer Fachmedien Wiesbaden GmbH 2018
V. von Holle, *Ökonomie 4.0*,
https://doi.org/10.1007/978-3-658-19110-8

Geldillusion Psychologisch begründete Einstellung zum Geldwert mit besonderem Vertrauen in seine (scheinbar) objektive Gegebenheit und Stabilität, d. h. Vertrauen der Wirtschaftssubjekte zum umlaufenden Geld. Dahinter steht das Vertrauen der Bevölkerung in die durch den Staat geschaffene und durch seine Autorität (scheinbar) abgesicherte Geldordnung. Geldillusion liegt z. B. dann vor, wenn bei Inflation Nominaleinkommenssteigerungen (irrtümlich) mit Realeinkommenserhöhungen gleichgesetzt werden. Dies kann dann zu einem anderen Ausgabenverhalten führen als bei fehlender Geldillusion.

Grenznutzen Nutzenzuwachs (Nutzen) aus der jeweils letzten konsumierten Einheit eines Gutes. Gossensche Gesetze:

Grenznutzen ist der Nutzen, den die letzte verbrauchte Einheit eines Gutes stiftet. Problem: Der Grenznutzen kann positiv, gleich Null oder negativ sein und hängt von der bisherigen Verbrauchsmenge ab. So wird ein durstiger Zecher dem ersten Bier einen hohen positiven Grenznutzen zumessen, dem fünften gleichgültig gegenüberstehen (Grenznutzen gleich Null) und nach dem zehnten unangenehme Folgewirkungen (Grenznutzen negativ) spüren.

Homo Oeconomicus Modell eines ausschließlich „wirtschaftlich" denkenden Menschen, das den Analysen der klassischen und neoklassischen Wirtschaftstheorie zugrunde liegt. *Hauptmerkmal* des Homo Oeconomicus ist seine Fähigkeit zu uneingeschränktem rationalen Verhalten. *Handlungsbestimmend* ist das Streben nach Nutzenmaximierung, das für Konsumenten, oder Gewinnmaximierung, die für Produzenten angenommen wird. Zusätzliche charakteristische *Annahmen:* Lückenlose Information über sämtliche Entscheidungsalternativen und deren Konsequenzen; vollkommene Markttransparenz.

Neoklassische ökonomische Theorie Unter neoklassischer Theorie oder Neoklassik versteht man eine wirtschaftswissenschaftliche Richtung, die in der zweiten Hälfte des 19. Jahrhunderts begründet wurde und die klassische Nationalökonomie ablöste. Charakterisiert wird die Neoklassik nicht durch bestimmte Lehrsätze, sondern durch ihre Methode, insbesondere das Marginalprinzip, das in Begriffen wie Grenzkosten oder Grenzerlös zum Ausdruck kommt. Die Neoklassik beherrscht die Wirtschaftswissenschaft – mit Unterbrechung durch den Keynesianismus – bis heute.

Paretoeffizienz Eine Situation, ein Zustand oder ein Markt sind pareto-effizient, wenn es keine Möglichkeit gibt, jemanden besser zu stellen, ohne jemand anderen dadurch schlechter zu stellen.

Ist dies nicht der Fall, kann durch Transaktionen (z. B. einen Tausch) eine Pareto-Verbesserung herbeigeführt werden, d. h. mindestens eine Person verbessert sich durch die Transaktion, ohne dass sich dadurch die anderen verschlechtern.

Peergroup Soziale Gruppe von gleichaltrigen Jugendlichen, in der das Individuum soziale Orientierung sucht und die ihm als Bezugsgruppe dient. Peer Groups haben eigene Werte, Einstellungen und Verhaltensweisen. Diese sind geprägt durch Unabhängigkeit von den Werten und Erwartungen der Erwachsenen. Peer Groups weisen jedoch eine starke Konformität gegenüber den Verhaltensnormen der eigenen Gruppe auf und akzeptieren die Führungsrolle von Meinungsführern. Die Zugehörigkeit zu Peer Groups bestimmt entscheidend das Konsumverhalten der Jugendlichen.

Placebo Ein Placebo ist im engeren Sinn ein Scheinarzneimittel, welches keinen Arzneistoff enthält und somit auch keine durch einen solchen Stoff verursachte pharmakologische Wirkung haben kann.

Im erweiterten Sinn werden auch andere medizinische Scheininterventionen als Placebo bezeichnet, beispielsweise Scheinoperationen. Placebo-Effekte sind positive Veränderungen des subjektiven Befindens und von objektiv messbaren körperlichen Funktionen, die der symbolischen Bedeutung einer Behandlung zugeschrieben werden. Sie können bei jeder Art von Behandlung auftreten, also nicht nur bei Scheinbehandlungen.

Sunk Costs Der englische Begriff sunk costs bezeichnet bereits angefallene Kosten, die bei einer anstehenden Entscheidung, z. B. über die Weiterführung eines Projekts, nicht berücksichtigt werden sollten. Mit anderen Worten: Ist eine Entscheidung zu treffen, sind nur die zukünftigen Erträge und Kosten zu berücksichtigen – die sunk costs sind eben auf jeden Fall „versenkt" und sollten die Entscheidung nicht beeinflussen. Der natürliche Instinkt ist jedoch eher, sunk costs einzubeziehen.

Zinseszins Wiederverzinsung auflaufender Zinsen, die dem Kapital zugeschlagen werden.

Printed in the United States
By Bookmasters